# Besser: besser essen!

100 Rezepte für eine einfach bessere Ernährung.

Noch nie gab es in unserem Land ein so großes Angebot an frischem Obst, Gemüse und Lebensmitteln aller Art. Noch nie war es so leicht, gut und gesund zu essen. Aber leider ernähren sich die meisten Menschen nicht so! Mit der Folge, dass sie nicht genug notwendige Vitamine, Mineralien, Spurenelemente und Ballaststoffe zu sich nehmen, um gesund zu bleiben.

Wissenschaftliche Untersuchungen haben festgestellt, dass heute etwa 70 % aller Erkrankungen in Deutschland auf die falsche Ernährung zurückzuführen sind – das ist doch krank!

Dabei ist es ganz einfach, seine Ernährung so umzugestalten, dass sie der körperlichen und geistigen Gesundheit hilft, ohne dabei den Geldbeutel zu strapazieren, ohne zu viel Zeit zu investieren und ohne auf Genuss verzichten zu müssen.

Deswegen unterstütze ich gerne diese Initiative für bessere Ernährung und für ein nachhaltig gesünderes Leben.

Zusammen mit vielen Apotheken aus ganz Deutschland habe ich leckere und gesunde Rezepte für Sie gesammelt, die Sie leicht und unkompliziert nachkochen können. Denn um gesund zu bleiben und zum Beispiel kein Sodbrennen mehr zu bekommen, gibt es ein ganz einfaches Rezept:

„Besser: besser essen!"

Beste Grüße Ihr
Christian Rach

Besser essen ist ein gutes Motto, um gesund zu bleiben. Denn Gesundheit und Genuss gehören zusammen. Gesundes Essen muss gut schmecken, sonst bleibt es auf dem Teller liegen. Doch was gehört zu einer gesunden Ernährung?

Meist hört man auf diese Frage fettarm, vitaminreich, viel Gemüse und Vollkornprodukte. Milch und Milchprodukte werden einmal hoch gelobt, andere lehnen sie kategorisch ab, ähnlich ergeht es dem Fleisch. Die Verwirrung liegt einmal daran, dass auch Ernährungsthemen dem Zeitgeist unterliegen. So galt Fleisch lange als unentbehrlich, während man sich heute viel vom Vegetarismus verspricht.

**Bunte Vielfalt**
Dabei ist gesunde Ernährung dann am einfachsten, wenn wir in schöner Abwechslung und moderater Menge ALLE Grundnahrungsmittel in den Speiseplan einbeziehen: Gemüse und Obst, Fisch und Fleisch, Milchprodukte und Käse, Hülsenfrüchte, Kartoffeln und Getreideprodukte sowie Wasser. Stimmt die Basis, ist auch gegen ein paar Süßigkeiten, etwas Wein oder Bier, gegen Tee und Kaffee nichts zu sagen. Je vielfältiger die Kost, umso sicherer die Nährstoffversorgung.

Ein zweiter Grund für Missverständnisse ist, dass häufig das propagiert wird, was einem selbst gutgetan hat. Doch jeder Mensch ist anders, das gilt für Gesunde, noch viel mehr jedoch für Kranke. Daher kann es die eine richtige Ernährung für alle gar nicht geben. Jeder darf für sich herausfinden, was schmeckt, was bekömmlich ist und in Form hält. Und wenn es mal Beschwerden gibt, muss auch individuell ausprobiert werden, welche Ernährungsumstellung hilft.

**Guten Appetit!**
Wir sollten also auch auf unseren Körper hören und unserem Appetit folgen. Wenn etwa Vollkornprodukte blähen, sollte man das ernst nehmen und auf feiner gemahlene oder hellere Sorten umsteigen. Denn entscheidend ist nicht nur, was wir essen, sondern was unser Körper verdauen und verwerten kann.

Der Appetit funktioniert übrigens am besten mit traditionell verarbeiteten und einfachen Grundnahrungsmitteln. „Moderne" Fertigprodukte mit Aromen, Geschmacksverstärkern und Füllstoffen verwirren ihn eher und sättigen oft auch nicht gut. „Richtig" Gekochtes aus guten Zutaten – das ist gesund und schmeckt.

**Wenn der Magen rebelliert**
Immer mehr Menschen klagen heute über Magenprobleme und Sodbrennen. Das hat viel mit Stress zu tun, aber auch mit Übergewicht und Rauchen. Hastig verschlungene, große Portionen tun dem (gestressten) Magen ebenfalls nicht gut.

Entsteht zu viel Gas im Magen-Darm-Trakt, baut sich auch im Magen hoher Druck auf. Das kann bei Menschen, deren oberer Magen-Schließmuskel

## „Besser: besser essen!": für Gesundheit und Genuss!

nicht so kräftig ist, zu Sodbrennen führen: Durch den Überdruck öffnet sich der Muskel, sodass saurer Mageninhalt in die Speiseröhre zurückfließt (sog. Reflux). Dies verursacht brennende Schmerzen hinter dem Brustbein und schädigt auf Dauer die Speiseröhre. Deswegen lohnt es sich, seinen Magen auch beim Essen nicht zu sehr zu stressen: nicht zu schnell essen, nicht zu spät, nicht zu viel auf einmal. Auch mit erhöhtem Oberkörper zu schlafen und ein paar Pfund abzuspecken schützt vor unangenehmen Säureattacken.

Wenn es im Magen schon drückt oder in der Speiseröhre brennt, dann heißt es oft: nichts Fettes, nichts Süßes, nichts Scharfes, nichts Saures, nichts Heißes, keinen Kaffee und keinen Alkohol. Allerdings gibt es kaum Studien zu der Frage, wie effektiv solche Einschränkungen tatsächlich wirken. Daher sollte auch bei Sodbrennen und Magenproblemen individuell ausprobiert werden, welche Speisen vertragen werden und ob ein (vorübergehender) Verzicht auf Alkohol, Kaffee, Schokolade, Fettes oder Scharfes wirklich hilft.

Einige Betroffene gehen übrigens davon aus, dass ein übermäßiger Verzehr von Kohlenhydraten der wichtigste Auslöser für Sodbrennen ist. Zucker- und stärkereiche Speisen und Getränke können im Darm zu einer enormen Gasbildung führen, die bis in den Magen für Überdruck sorgt und bei schwachem Magenschließmuskel Sodbrennen verursachen kann. Diese Erklärung ist plausibel und wird auch wissenschaftlich diskutiert. Da kohlenhydratreduzierte Speisen jedoch auch andere Gesundheitsvorteile haben, insbesondere bei Übergewicht, lohnt sich ein Versuch damit auf jeden Fall.

Auch unserem Magen zuliebe sollten wir also besser essen: frische Lebensmittel, lecker zubereitet, davon ohne Stress so viel genießen, bis man angenehm satt ist. Nutzen und genießen wir also die große Vielfalt an Gemüse, Obst, Fleisch, Fisch, Nüssen, Hülsenfrüchten, Milch- und Getreideprodukten, Kräutern und Gewürzen.

Ulrike Gonder,
Ernährungswissenschaftlerin

### ☐ Vorspeisen/Suppen

- 10  Marinierte Flusskrebse
- 12  Spargelflammkuchen
- 14  Fenchelcarpaccio
- 16  Ofenkartoffeln
- 18  Krabbencocktail

- 20  Ciabatta mit 3 Dips
- 22  Rucola-Tarte
- 24  Spinat-Lachs-Roulade
- 26  Spinatröllchen
- 28  Bärlauchsuppe

- 30  Feurige Hühnersuppe
- 32  Grüne Schtschi
- 34  Erbsen-Cappuccino
- 36  Möhren-Ingwer-Suppe
- 38  Selleriesuppe

- 40  Spargelsuppe
- 42  Kartoffelsuppe mit Krabben
- 44  Tomatensuppe mit Grieß-Gnocchi
- 46  Sauerkrautsuppe
- 48  Topinambur-Brokkoli-Suppe

### ☐ Salate

- 52  Spargelsalat
- 54  Exotischer Garnelensalat
- 56  Bunter Linsensalat
- 58  Spargel-Erdbeer-Salat
- 60  Kartoffelsalat mediterran

- 62  Brotsalat
- 64  Salat mit Hähnchenbrust und Pilzen
- 66  Weinbergpfirsichsalat
- 68  Mediterraner Nudelsalat
- 70  Hering im Herbstmantel

- 72  Salat mit Früchten und Schinken

### ☐ Hauptgänge
*Vegetarisch*

- 76  Bohnen-Süßkartoffel-Gemüse
- 78  Gemüse-Bolognese mit roten Linsen
- 80  Gemüse-Hirse-Auflauf
- 82  Gemüse-Zitronen-Spaghetti mit Frischkäse
- 84  Gemüsecurry mit Tofu

- 86  Gratinierter Fenchel
- 88  Grüne Bohnen mit Walnüssen und Ofenkartoffeln
- 90  Grüne Spargelfrittata und Ciabatta
- 92  Mangold-Lasagne
- 94  Mangold-Päckchen mit Rosmarinkartoffeln

- 96  Parmesanknödel auf Tomatensauce
- 98  Rotes Topinamburgemüse mit kerniger Kräuterkruste

# Inhaltsverzeichnis

## Hauptgänge
### Fisch

- 102 Garnelen mit Blumenkohl im Safransud
- 104 Fischcurry
- 106 Fischpäckchen
- 108 Rotbarschfilet auf Gewürzsalz
- 110 Gebackenes Zitronen-Fischfilet
- 112 Tintenfisch gefüllt
- 114 Gegrillter Fisch mit Mais-Salsa
- 116 Fisch im Aluminiumpäckchen gebacken
- 118 Gemüsepizza mit Lachs
- 120 Gratinierter Kabeljau
- 122 Thunfischspieß
- 124 Medaillons von der Lotte (Seeteufel) unter Haselnusskruste
- 126 Spargelquiche mit Lachs
- 128 Risotto mit Garnelen und grünem Spargel
- 130 Austernfrikadellen
- 132 Thunfisch-Steaks
- 134 Zanderfilet mit Kakaokruste auf Orangenrisotto

## Hauptgänge
### Fleisch

- 138 Geschmorte Hähnchenkeulen
- 140 Spaghetti mit Lammfilet
- 142 China-Beef
- 144 Orientalischer Hack-Auflauf
- 146 Fleisch-Lasagne
- 148 Lende argentinische Art
- 150 Spitzkohl-Hack-Auflauf
- 152 Kalbsrückensteak mit Tomate-Mozzarella
- 154 Hähnchenbrust mit Traubensauce
- 156 Platthuhn
- 158 Hähnchencurry mit asiatischen Nudeln
- 160 Süßsaure Rippchen
- 162 Entenbrust mit Wacholderbeeren
- 164 Lammgulasch
- 166 Apfel-Gurken-Salat mit Lammfilet
- 168 Kalbsbraten
- 170 Tafelspitz mit Frankfurter Grüner Sauce
- 172 Schweinefilet im Kartoffelrösti-Mantel
- 174 Wildschweinrücken mit Meerrettichkruste
- 176 Italienische Lasagne
- 178 Wildentenbrust mit Linsen

## Desserts

- 182 Apfel in Calvadosnebel
- 184 Erdbeeren mit Vanillecreme
- 186 Gebackene Bananen
- 188 Apfeltiramisu
- 190 Arme Ritter vom Hefezopf
- 192 Bananenkuchen
- 194 Espressotorte mit Orangenparfait
- 196 Kokosgrieß mit Himbeersoße
- 198 Rhabarber-Tiramisu
- 200 Exotisches Flammerie
- 202 Quarkklößchen mit Holunderkompott
- 204 Rahmkuchen
- 206 Haselnusskuchen
- 208 Vanille-Quarkschaum mit Erdbeersauce
- 210 Zwetschgen-Mohn-Schichtspeise
- 212 Schokoladentarte mit Vanilleparfait und Erdbeersauce
- 214 Mascarpone-Cantuccini-Dessert
- 216 Schokoladenpudding
- 218 Orangen-Kuchen

S. 10

S. 18

## Anstelle eines Aperitifs

Bevor die Vorspeise oder die Suppe aufgetragen wird, serviert man gerne einen Aperitif. Das kann ein Glas Champagner sein oder aber ein Kräuterlikör, der uns das Wasser im Mund zusammenlaufen lässt, den Gallefluss fördert und die Bildung der Verdauungssäfte anregt. Doch es muss nicht immer ein alkoholischer Starter sein: Auch Rucola, Chicorée, Radicchio oder Endiviensalat beeindrucken durch einen mehr oder weniger ausgeprägten bitteren Geschmack. Im Likör wie im Gemüse sind es pflanzliche Bitterstoffe, die den Körper auf die ankommende Nahrung vorbereiten und so die Verdauung erleichtern.

Andere wichtige Verdauungshilfen sind Kräuter und Gewürze. So können Fenchelsamen und Koriander gegen lästige Blähungen helfen. Ebenso Kümmel, der vor allem Kohlgerichte bekömmlicher macht. Wie beispielsweise Ingwer und Senf fördern sie die Speichelsekretion. Mehr Speichel bedeutet nicht nur, dass die Nahrung besser verdaut werden kann, sondern auch mehr Schutz vor Karies, weil die Zähne besser gereinigt werden. Ingwer wirkt zudem krampflösend und unterstützt die für eine ungestörte Verdauung wichtigen rhythmischen Magenbewegungen.

Im Mittelalter waren Gewürze wie Zimt, Safran, Pfeffer und Vanille unglaublich teuer und dennoch verwendeten die Menschen etwa hundertmal mehr davon als wir heute. Wie lässt sich das erklären? Lag es wirklich daran, dass man den Geschmack von verdorbenem Fleisch übertünchen wollte? Tatsächlich enthalten viele Gewürze wie Pfeffer, Ingwer, Chili, Knoblauch, Paprika, Oregano und Zimt Substanzen, die Krankheitserreger abtöten. In Ländern und Zeiten mit schlechten Hygienebedingungen sind solche Wirkungen von großer Bedeutung für die Gesundheit. Doch verdorbenes Fleisch können die Gewürze nicht wieder genießbar machen.

Warum also lieben wir die Gewürze so sehr, dass wir ihretwegen Kreuzzüge unternommen und Kriege geführt haben? Für einen solchen Aufwand kommen meist nur psychische Wirkungen in Frage. Nehmen wir als Beispiel den Safran: Er ist zwar hübsch anzusehen, vom Aroma her jedoch eher langweilig. Für das teuerste Gewürz der Welt müssen von Hand zigtausend Narben aus Krokusblüten gezupft werden. Diese Arbeit macht man sich, weil Safran mild euphorisierend wirkt. Die Ärzte vergangener Jahrhunderte verglichen ihn sogar mit Opium, beschrieben seine krampflösende und schmerzstillende Wirkung. Hildegard von Bingen sprach sogar von „heiteren Delirien". Die uralte menschliche Angewohnheit, das Essen gut zu würzen, hat also einen tieferen Sinn.

S. 30

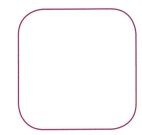

 *Vorspeisen/Suppen*

S. 14

| | |
|---|---|
| 10 | Marinierte Flusskrebse |
| 12 | Spargelflammkuchen |
| 14 | Fenchelcarpaccio |
| 16 | Ofenkartoffeln |
| 18 | Krabbencocktail |
| | |
| 20 | Ciabatta mit 3 Dips |
| 22 | Rucola-Tarte |
| 24 | Spinat-Lachs-Roulade |
| 26 | Spinatröllchen |
| 28 | Bärlauchsuppe |
| | |
| 30 | Feurige Hühnersuppe |
| 32 | Grüne Schtschi |
| 34 | Erbsen-Cappuccino |
| 36 | Möhren-Ingwer-Suppe |
| 38 | Selleriesuppe |
| | |
| 40 | Spargelsuppe |
| 42 | Kartoffelsuppe mit Krabben |
| 44 | Tomatensuppe mit Grieß-Gnocchi |
| 46 | Sauerkrautsuppe |
| 48 | Topinambur-Brokkoli-Suppe |

Vorspeisen/Suppen

# Marinierte Flusskrebse
## (für 4 Personen)

**Von Pia Rattmann,**
**Domos Apotheke, Krefeld**

150 g Flusskrebsfleisch
1 reife Avocado
Saft einer Zitrone
6 Tomaten
3 Frühlingszwiebeln
3 EL gemischte, gehackte Kräuter
3 TL neutrales Öl (Rapsöl)
3 EL Dijon-Senf
Salz, Pfeffer

Flusskrebse unter kaltem Wasser abwaschen und mit Küchenpapier trocken tupfen.

Avocado schälen, halbieren und vom Kern lösen. Fruchtfleisch würfeln und sofort mit Zitronensaft marinieren. Tomaten waschen, trocknen, Stielansatz entfernen und würfeln. Frühlingszwiebeln waschen, putzen, in feine Ringe schneiden.

Öl, Senf, Kräuter, Salz und Pfeffer zu einem Dressing verrühren und die vorbereiteten Zutaten in einer Schüssel damit anmachen. Abgedeckt kalt stellen und etwas ziehen lassen.

Tipp: auf einem Bett aus verschiedenen Blattsalaten anrichten.

■ *Ulrike Gonders Tipp:*
*Sorgen Sie sich nicht um das Fett der Avocados. Da das Rezept wenig Kohlenhydrate enthält, darf ruhig etwas mehr Fett enthalten sein. Zudem ist das hochwertige Avocadoöl ähnlich wie Olivenöl zusammengesetzt. Avocados sättigen gut, sind leicht verdaulich, vitamin- und mineralstoffreich. Kleine Früchte mit genoppter, dunkler Schale sind meist delikater als die glatten großen grünen.*

*Vorspeisen/Suppen*

# Spargelflammkuchen
## (für 4 Personen)

Von Maren Brigmann,
DocMorris Apotheke Pinneberg, Pinneberg

16 Filoteigblätter (Dreiecke)
50 g Butterschmalz, geschmolzen
400 g Crème fraîche
Je 5 Stangen grüner
und weißer Spargel
125 g durchwachsener Speck
Salz
Szechuanpfeffer
(ersatzweise schwarzer Pfeffer)

Filoteigblätter einzeln dünn mit Butter bepinseln und jeweils vier Stück übereinander legen. Das oberste Teigblatt gleichmäßig mit Crème fraîche bestreichen.

Weißen Spargel schälen, beim grünen Spargel nur das untere Drittel schälen. Spargelenden ca. 2 cm breit abschneiden. Spargelstangen schräg in 5 mm dicke Scheiben schneiden und auf den Filodreiecken verteilen.

Speck dünn aufschneiden und in feine Streifen schneiden, über den Spargel streuen.

Mit etwas Salz und frisch gemörsertem Szechuanpfeffer würzen.

Im vorgeheizten Backofen bei 200 °C Ober-/Unterhitze (Umluft 180 °C) auf 2. Schiene von unten ca. 15 Minuten backen, bis der Boden knusprig und der Belag leicht gebräunt ist.

■ *Ulrike Gonders Tipp:*
*Ein ganzes Pfund Spargel hat gerade mal 100 Kilokalorien. Zudem ist Spargel leicht verdaulich und wirkt entwässernd. Ob er jedoch schlank hält, hängt entscheidend davon ab, wie gehaltvoll seine Begleiter auf dem Teller sind.*

*Vorspeisen/Suppen*

# Fenchelcarpaccio
## (für 4 Personen)

**Von Dr. Gunhild Kempf,
Kranich Apotheke, Kitzingen**

2 kleine Fenchelknollen
40 ml Zitronensaft, frisch gepresst
25 g Pinienkerne
Evtl. ½ Bund Petersilie
(falls wenig oder kein Fenchelgrün
vorhanden ist)
Salz
Pfeffer
50 ml Olivenöl
12 Scheiben Fenchelsalami
1 Stück Pecorino

Fenchelknollen putzen, das äußere Blatt entfernen und den Rest waschen. Fenchelgrün beiseitestellen. Fenchelknollen auf einem Gemüsehobel längs in sehr dünne Scheiben hobeln, in einer flachen Schüssel mit dem Zitronensaft mischen und mindestens 30 Min. ziehen lassen.

Inzwischen Pinienkerne in einer Pfanne bei niedriger Temperatur goldbraun rösten und auf einem Teller abkühlen lassen.

Fenchelgrün (ersatzweise gewaschene Petersilie) fein hacken. Fenchelscheiben auf 4 großen Tellern fächerartig anrichten, salzen, pfeffern und mit Olivenöl beträufeln. Salamischeiben darauf verteilen und Pecorino grob darüberhobeln.

Mit Pinienkernen und gehacktem Fenchelgrün bestreuen und sofort servieren.

> ▪ *Ulrike Gonders Tipp:*
> *Dass Fencheltee Magen und Darm besänftigt, ist bekannt. Allerdings ist er geschmacklich nicht jedermanns Sache. Da trifft es sich gut, dass auch Fenchelgemüse ein wenig beruhigend wirkt, dabei jedoch frischer und milder schmeckt als der Tee. Man kann es roh und erhitzt genießen.*

*Vorspeisen/Suppen*

# Ofenkartoffeln
## (für 4 Personen)

Von Mandy Meier,
**Apotheke Neukirchen, Neukirchen**

4 große, festkochende Kartoffeln
1 Knoblauchzehe
3 Frühlingszwiebeln
2 EL Olivenöl
130 g Crème fraîche
130 g geriebener Gouda
Salz
Pfeffer
Muskatnuss
2 Scheiben Bacon

Kartoffeln waschen. Mit kaltem Wasser aufstellen und etwa 40 Minuten kochen lassen. Abgießen und etwas abkühlen lassen. Kartoffeln längs einschneiden und Inneres mit einem Esslöffel aushöhlen. Mit einer Gabel zerdrücken. Ofen auf 250°C (Umluft 230°C) vorheizen.

Knoblauch schälen und fein schneiden. Frühlingszwiebeln waschen, putzen und in Ringe schneiden. Öl in einer Pfanne erhitzen und beides darin andünsten. Zerdrückte Kartoffel, Crème fraîche, 75 g Gouda, Knoblauch-Zwiebel-Mischung vermischen. Mit Salz, Pfeffer und Muskat würzen. Masse in die Kartoffeln füllen. Baconscheiben halbieren. Jede Kartoffel mit restlichem Käse bestreuen und mit einer halben Baconscheibe belegen. Kartoffeln im Ofen etwa 10 Minuten überbacken.

*Vorspeisen/Suppen*

# Krabbencocktail
## (für 4 Personen)

**Von Ute Körner,**
**Delphin-Apotheke, Neumünster**

½ Bio-Salatgurke
10 kleine Radieschen
½ rote oder gelbe Paprika
½ Zwiebel
½ Bund Dill
¼ Bund glatte Petersilie
3 EL Weißweinessig
5 EL Sonnenblumenöl
Salz
Pfeffer
Zucker
200 g Nordseekrabben
8 Kopfsalatblätter

Salatgurke, Radieschen und Paprika waschen und putzen.

Salatgurke längs halbieren und die Kerne mit einem Esslöffel herauskratzen. Gurke und Paprika in ca. 1 x 1 cm große Würfel schneiden. Radieschen in feine Scheiben schneiden, Zwiebel fein würfeln. Dill und Petersilie waschen und trocken schleudern, Blättchen von den Stielen zupfen, ein paar Dillblättchen zum Garnieren beiseitestellen, den Rest grob hacken. Essig mit 3 EL Wasser verrühren, Öl mit einem Schneebesen unterschlagen und mit Salz, Pfeffer und Zucker abschmecken. Krabben, Gurke, Paprika, Radieschen und gehackte Kräuter mit der Salatsauce anmachen und 15 Min. ziehen lassen. Inzwischen die Kopfsalatblätter waschen und trocken schleudern. Blätter in 4 Schalen oder Teller verteilen.

Krabbencocktail auf den Blättern verteilen und mit restlichem Dill garnieren. Dazu passt gerösteter Vollkorntoast.

*Vorspeisen/Suppen*

# Ciabatta mit 3 Dips
## (für 4 Personen)

**Von Eva Lüling,**
**Germania Apotheke, Hagen**

2 Knoblauchzehen
3 EL Schlagsahne
150 g Schmand
Salz
Pfeffer
1 EL abgeriebene Zitronenschale
1 Bund Petersilie
1 Zwiebel
50 g gekochter Schinken (am Stück)
100 g Ricotta
2 Fleischtomaten
2 EL Aceto Balsamico
4 EL Olivenöl
4 Basilikumblättchen
Zucker
1 Ciabatta

Zubereitung der 3 Dips:

1) Knoblauchzehen schälen, in der Sahne in einem kleinen Topf weich kochen und zerdrücken. Mit 100 g Schmand verrühren, mit Salz, Pfeffer und Zitronenschale abschmecken.

2) Petersilie waschen, trockenschütteln, Blättchen von den Stielen zupfen und fein hacken. Zwiebel schälen, Schinken und Zwiebel fein würfeln. Zwiebelwürfel in 1 EL Olivenöl andünsten, dann mit restlichem Schmand, Ricotta, Petersilie, Schinkenwürfeln, Salz und Pfeffer verrühren.

3) Tomaten waschen, trocknen, halbieren, entkernen und das Fruchtfleisch fein würfeln. Mit Salz, Pfeffer, Zucker und Balsamico würzen.

Ciabatta in dünne Scheiben schneiden, diese auf einem Backblech verteilen und mit restlichem Öl bepinseln. Im vorgeheizten Ofen bei 200 °C Ober-/Unterhitze (Umluft 180 °C) auf mittlerer Schiene 6–8 Minuten goldbraun und knusprig rösten. Zusammen mit den Dips servieren.

*Vorspeisen/Suppen*

# Rucola-Tarte
## (für 4 Personen)

**Von Sandra Sauter,**
**Cyriakus Apotheke, Weeze**

250 g Mehl
150 g Butter
4 Eier
Salz, Pfeffer
400 g Doppelrahmfrischkäse
150 g Kräuter-Crème-fraîche
½ Bund Petersilie
1 Bund Rucola
40 g geriebener Parmesan
2–3 EL Sonnenblumenkerne
1 Beet Kresse

Mehl, Butter, 1 Ei und ½ TL Salz rasch zu einem glatten Teig ver-arbeiten und 30 Minuten kalt stellen. Dann auf bemehlter Arbeits-fläche 0,5 cm dick zu einem Kreis ausrollen. Eine Quiche- oder Springform (28 cm) ausfetten und mit dem Teig auslegen. Dabei den Rand etwas hochziehen. Erneut 30 Minuten kalt stellen.

Frischkäse mit Crème fraîche und den restlichen Eiern verrühren. Petersilie und Rucola waschen, trocken schütteln, Blättchen von den Stielen zupfen, beim Rucola nur die groben Stiele entfernen. Peter-silienblättchen und Rucola fein hacken. Zusammen mit Parmesan unter die Frischkäsecreme rühren, mit Salz und Pfeffer abschmecken.

Sonnenblumenkerne in einer Pfanne trocken anrösten, kurz abkühlen lassen und ebenfalls unterrühren. Die Creme auf den Teig geben und glatt streichen. Im vorgeheizten Ofen bei 180 °C Ober-/Unter-hitze (Umluft 160 °C) auf mittlerer Schiene 50 Minuten backen.

Die Kresse mit einer Schere vom Beet schneiden und vor dem Servieren die Tarte damit bestreuen.

■ *Christian Rachs Tipp:*
*Der Rucola verleiht dieser köstlichen Tarte einen herben, leicht bitteren Geschmack. Wer es weniger herb mag, kann die Hälfte des Rucolas durch Kräuter wie Petersilie, Kerbel oder Basilikum ersetzen.*

*Vorspeisen/Suppen*

# Spinat-Lachs-Roulade
## (für 4–8 Personen)

**Von Jasmin Rietsch,**
**Stadt-Apotheke, Waldsassen**

225 g TK-Spinat
4 Eier
1 Bund Dill
1 Bio-Zitrone
200 g Doppelrahmfrischkäse
1 Pck. Graved Lachs (200 g)
Salz, Pfeffer, Muskat

Spinat in ein Sieb geben und auftauen lassen.

Eier trennen, Eiweiße mit einer Prise Salz steif schlagen. Spinat ausdrücken, mit Eigelben, Salz und Pfeffer pürieren. Eiweiß unter die Spinatmasse heben und mit frisch geriebenem Muskat abschmecken. Ein Backblech mit Backpapier auslegen und die Masse darauf gleichmäßig verstreichen.

Im vorgeheizten Ofen bei 200 °C Ober-/Unterhitze (Umluft nicht empfehlenswert) auf mittlerer Schiene 10–12 Minuten backen. Herausnehmen, etwas abkühlen lassen, auf ein Küchentuch stürzen und das Backpapier vom Spinatboden abziehen.

Dill waschen, trocken schütteln, Blättchen von den Stielen zupfen und fein hacken. Zitrone waschen, trocknen, Schale fein abreiben, Frucht halbieren und eine Hälfte auspressen. Frischkäse mit Dill, Zitronenschale und -saft sowie Salz und Pfeffer verrühren und auf den Spinatboden streichen. Die Lachsscheiben darauf verteilen und von der Langseite mit Hilfe des Küchentuchs fest zu einer Roulade aufrollen. Für 1–2 Stunden in den Kühlschrank legen, dann in Scheiben schneiden und servieren.

Dazu passt frischer Salat der Saison und Vollkorn-Ciabatta.

Tipp: Honig-Dill-Senf-Sauce!

▪ *Ulrike Gonders Tipp:*
*Dies ist ein wunderbares, sättigendes, nährstoffreiches kohlenhydratarmes Gericht. Wer „low-carb" lebt oder es einmal ausprobieren möchte, isst dazu vielleicht noch einen knackigen Salat aber kein (oder nur sehr wenig) Brot.*

Vorspeisen/Suppen

# Spinatröllchen
## (für 4 Personen)

**Von Hasime Erdal,
Schwanen Apotheke, Köln**

1 kg frischer Spinat
100 g Schafskäse
Salz
Pfeffer
3 EL Olivenöl
4 Blätter Filoteig
1 Eigelb
1 EL Naturjoghurt
2 EL Sesamsaat

Spinat putzen, in kaltem Wasser sorgfältig waschen und trocken schleudern. Schafskäse zerbröseln und mit Spinat und etwas Salz und Pfeffer in einer Schüssel mischen.

Teigblätter auf der Arbeitsfläche ausbreiten, mit Olivenöl bestreichen und jedes Blatt zusammenklappen. Jedes Blatt quer halbieren und die Blätter mit der breiten Seite nach unten nebeneinander legen. Spinatfüllung gleichmäßig auf den unteren Rändern der Teigblätter verteilen, an den Seiten einen kleinen Rand frei lassen. Die Blätter über der Füllung aufrollen und am Rand fest zusammendrücken. Eigelb mit Joghurt verquirlen und damit die Röllchen bestreichen.

Röllchen mit Sesam bestreuen und nebeneinander auf ein mit Backpapier ausgelegtes Backblech setzen. Spinatröllchen im vorgeheizten Ofen bei 180 °C Umluft ca. 15 Min. goldbraun backen.

*Christian Rachs Tipp:*
*Geschmacklich passen in die Spinatfüllung sehr gut Rosinen, etwas fein gehackter Knoblauch und geröstete Pinienkerne.*

*Vorspeisen/Suppen*

# Bärlauchsuppe
## (für 4 Personen)

**Von Silke Schumacher,**
**Orion Apotheke, Dortmund**

300 g Kartoffeln
100 g Frühlingszwiebeln
3 EL Olivenöl
30 g Butter
800 ml Gemüsebrühe
200 g Bärlauch
200 ml Sahne
50 g kalte Butter
Salz, Pfeffer, Muskat
Nach Belieben 100 g
leicht geschlagene Sahne

Kartoffeln schälen und klein würfeln. Frühlingszwiebeln waschen, putzen und in feine Ringe schneiden. Öl und Butter in einem Topf erhitzen, Frühlingszwiebeln darin andünsten. Kartoffelwürfel zugeben, kurz anschwitzen, Brühe angießen und die Suppe zugedeckt 20 Minuten köcheln lassen.

Bärlauch waschen, trocken tupfen, in Streifen schneiden und unterrühren. Sahne angießen und weitere 5 Minuten köcheln lassen.

Suppe mit einem Stabmixer sehr fein pürieren, durch ein Sieb passieren und mit dem Mixer restliche Butter (50 g) unterrühren. Suppe erneut aufkochen, mit Salz, Pfeffer und frisch geriebenem Muskat abschmecken.

Bärlauchsuppe nach Belieben mit leicht geschlagener Sahne garniert servieren.

Dazu passen frisch gebackene Blätterteig-Käse-Stangen.

**Christian Rachs Tipp:**
*Dazu passen Blätterteig-Käse-Stangen. Aufgetauter Blätterteig wird in ca. 3 cm breite Streifen geschnitten, mit Eigelb-Sahne-Mischung bepinselt und mit geriebenem Käse und etwas Salz bestreut. Dann im Ofen bei 200 °C goldbraun gebacken.*

*Vorspeisen/Suppen*

# Feurige Hühnersuppe
## (für 4 Personen)

**Von Ute Girbardt,
Löwen-Apotheke, Fulda**

400 g Hühnerbrustfilets
1,5 l Hühnerbrühe
1 Zwiebel
1 gelbe Paprika
1 rote Paprika
1 Chilischote
1 Stange Zitronengras
1 EL Olivenöl
Saft von 1 Limette
1 Avocado
½ Bund Koriander
Salz
Pfeffer
Zucker

Hühnerbrustfilets kalt abspülen und trocken tupfen. Brühe in einem großen Topf aufkochen, Filets dazugeben, Deckel aufsetzen und den Topf vom Herd ziehen. Hühnerbrüste 15 Min. ziehen lassen.

Währenddessen Zwiebel schälen und in feine Streifen schneiden. Paprikaschoten und Chili waschen, Stiele, Kerne und weiße Innenwände entfernen, den Rest in Streifen schneiden. Vom Zitronengras die beiden äußeren Blätter entfernen und die Stange vierteln. Hühnerbrustfilets aus der Brühe nehmen und in dünne Scheiben schneiden.

Öl in einem Topf erhitzen. Zwiebel, Chili und Zitronengras darin anschwitzen, Brühe und Limettensaft angießen und 10 Min. leise köcheln lassen. Paprikastreifen nach 5 Min. zufügen. Avocado halbieren, Kern entfernen und das Fruchtfleisch mit einem Esslöffel aus der Schale lösen. Mit einem Kugelausstecher Kugeln ausstechen oder das Fruchtfleisch würfeln. Koriander waschen und trocken schleudern.

Direkt vor dem Servieren Hühnerfleisch und Avocadokugeln in die Suppe geben, Suppe mit Salz, Pfeffer und Zucker abschmecken.

Hühnersuppe auf 4 Suppenschalen verteilen und mit Koriander bestreuen.

> **Ulrike Gonders Tipp:**
> *Wem Chili zu scharf ist, kann ein Stück geschälten Ingwer mitkochen. Er passt vom Aroma wunderbar, wenngleich seine Schärfe milder ausfällt. Zudem fördert Ingwer die Magenentleerung, was die Verdauung unterstützt und bei Sodbrennen hilfreich sein kann.*

*Vorspeisen/Suppen*

# Grüne Schtschi
## (für 4 Personen)

**Sabine Meyer,**
**Apotheke am Ludwigkirchplatz, Berlin**

2 kleine Zwiebeln
70 g Salatgurke
2 Petersilienwurzeln
2 kleine gelbe Rüben
500 g frischer Spinat
30 g Butter
1 EL Mehl
1 L Gemüsebrühe
Salz, weißer Pfeffer, Zucker
Muskat
200 ml Sahne
1 Bund Dill
1 hartgekochtes Ei
100 g Sauerrahm

Zwiebeln, Gurke, Petersilienwurzeln und gelbe Rüben schälen und fein würfeln. Spinat putzen, gründlich waschen und auf einem Sieb abtropfen lassen.

Gemüsewürfel in einem Topf mit der Butter andünsten. Mit Mehl bestäuben, unter Rühren anrösten, mit Gemüsebrühe ablöschen und würzen. Sahne zugießen und die Suppe zugedeckt 15 Minuten köcheln lassen.

Spinat auftauen lassen, mit den Händen fest ausdrücken und mit einem großen Messer grob hacken. Spinat zugeben und 5 Minuten kochen lassen.

Dill waschen, trocken tupfen und fein schneiden. Unter die Suppe rühren. Das gekochte Ei pellen und hacken.

Zum Servieren die Suppe in Teller füllen, mit einem Klecks Sauerrahm und gehacktem Ei garnieren.

*Vorspeisen/Suppen*

# Erbsen-Cappuccino
## (für 4 Personen)

**Von Michaela Schinske,
Schwanen Apotheke, Köln**

½ Zwiebel
20 g Butter
300 g Erbsen (TK)
250 ml Gemüsebrühe
4 Stiele Dill
2 EL Sahne
Salz, Pfeffer
Chilipulver
50 g geschlagene Sahne
50 g Forellenkaviar

Zwiebel schälen und fein würfeln. Butter in einem Topf schmelzen und Zwiebelwürfel darin glasig dünsten. Erbsen (gefroren) zugeben, kurz mitdünsten, dann mit Brühe ablöschen und bei geschlossenem Deckel 15 Minuten köcheln lassen.

Dill waschen, trocken tupfen, Blättchen abzupfen und 4 Dillspitzen zum Garnieren beiseitelegen. Restlichen Dill zusammen mit der Sahne in die Suppe geben und pürieren. Nach Belieben durch ein feines Sieb passieren. Kräftig mit Salz, Pfeffer und Chilipulver abschmecken, auf vier Gläser verteilen und für 3 Stunden in den Kühlschrank stellen.

Zum Servieren mit geschlagener Sahne, Dillspitzen und Forellenkaviar garnieren.

Vorspeisen/Suppen

# Möhren-Ingwer-Suppe
## (für 4 Personen)

**Von Henrik und Jutta Geest,
Apotheke im Globus, Kaiserslautern**

4 Schalotten
2 Knoblauchzehen
40 g frischer Ingwer
1 kg Möhren
1 rote Peperoni
4 EL neutrales Öl
1 TL Curry
Salz, Pfeffer, Zucker
1 l Hühnerbrühe
200 ml Kokosmilch
100 ml Orangensaft
150 g Crème fraîche

Schalotten, Knoblauch, Ingwer und Möhren schälen, alles sehr
fein würfeln.

Peperoni waschen, putzen, längs halbieren und entkernen. In feine
Streifen schneiden.

Öl in einem großen Topf erhitzen; Schalotten-, Knoblauch- und
Ingwerwürfel darin glasig andünsten. Möhren- und Peperonistück-
chen zugeben, kurz andünsten, dann mit Curry und etwas Zucker
bestäuben.

Brühe zugießen, zum Kochen bringen und zugedeckt ca. 25 Min.
köcheln lassen.

Kokosmilch und Orangensaft angießen, erneut aufkochen und
mit einem Stabmixer fein pürieren. Crème fraîche unterrühren,
die Suppe mit Salz und Pfeffer abschmecken.

Dazu passen gebratene Garnelen als Einlage.

*Vorspeisen/Suppen*

# Selleriesuppe
## (für 4 Personen)

**Von Sonja Fischer,**
**St. Mauritius-Apotheke, Röttenbach**

400 g Knollensellerie
300 g Staudensellerie
1 große Kartoffel
1 Zwiebel
2 EL Butter
600 ml Gemüsebrühe
200 g Sahne
100–150 ml Apfelwein
Salz, Pfeffer
2 EL Zucker
10 gegarte Maronen

Knollensellerie schälen, Staudensellerie waschen, putzen, ggf. entfädeln, beides in kleine Stücke schneiden. Kartoffel und Zwiebel schälen und würfeln. 1 EL Butter in einem Topf erhitzen, Gemüse darin andünsten und mit der Brühe ablöschen. Leicht salzen und pfeffern, dann zugedeckt 30 Minuten köcheln lassen, bis das Gemüse weich ist. Sahne und Apfelwein zugießen, die Suppe mit dem Stabmixer pürieren und mit Salz und Pfeffer abschmecken.

Maronen würfeln, Butter in einer Pfanne schmelzen, Zucker und Maronenwürfel zugeben und karamellisieren. Zum Servieren die Suppe damit garnieren.

*Vorspeisen/Suppen*

# Spargelsuppe
## (für 4 Personen)

**Von Karlheinz Köster,**
**Höhen-Apotheke, Frankfurt am Main**

1 Schalotte
500 g grüner Spargel
2 EL Butter
400 ml Gemüsebrühe
150 g Crème fraîche
Salz, Pfeffer
4 Jakobsmuscheln
Kerbelblättchen zum Garnieren

Schalotte schälen und fein würfeln. Spargel waschen, evtl. das untere Drittel schälen, die holzigen Enden abschneiden. Spargel in kleine Stücke schneiden, ein paar Spargelköpfe in dünne Scheiben schneiden und zum Garnieren beiseitelegen.

1 EL Butter in einem Topf erhitzen, Schalotten und Spargelstücke darin andünsten. Mit Gemüsebrühe ablöschen und zugedeckt 10 Minuten köcheln lassen. Die Suppe pürieren und durch ein feines Sieb streichen. Crème fraîche einrühren, mit Salz und Pfeffer abschmecken, dann die beiseitegelegten Spargelköpfe in die heiße Suppe geben und darin gar ziehen lassen.

Muschelfleisch in 1 cm dicke Scheiben schneiden. Restliche Butter in einer Pfanne erhitzen, darin die Spargelköpfe und die Muschelscheiben von beiden Seiten kurz anbraten. Zusammen mit den Kerbelblättchen auf der Suppe anrichten.

*Vorspeisen/Suppen*

# Kartoffelsuppe mit Krabben
## (für 4 Personen)

**Von Pia Treib-Recktenwald,
Apotheke im Kaufland, Dillingen**

600 g Kartoffeln
1 Zwiebel
100 g Lauch
100 g Rauchfleisch, gewürfelt
100 g Butter
1 l Gemüsebrühe
250 ml geschlagene Sahne
200 g Nordseekrabben
Salz, Pfeffer
Muskat
4 Scheiben Weißbrot
½ Bund Petersilie

Kartoffeln und Zwiebel schälen, würfeln. Lauch putzen, längs halbieren, waschen und in Streifen schneiden.

50 g Butter in einem Topf schmelzen, Zwiebelwürfel und Speck darin andünsten, Kartoffeln und Lauch dazugeben, mit Brühe auffüllen und zugedeckt 30 Minuten weich kochen.

Die Suppe mit einem Stabmixer fein pürieren, mit Salz, Pfeffer und frisch geriebenem Muskat abschmecken. Weißbrot entrinden, würfeln, mit restlicher Butter in einer Pfanne goldbraun und knusprig anrösten. Nach Belieben leicht salzen.

Petersilie waschen, trocken tupfen, Blättchen von den Stielen zupfen und fein hacken. Zusammen mit den Krabben in tiefe Teller geben, Suppe darüber verteilen und mit Croutons bestreut servieren.

*Vorspeisen/Suppen*

# Tomatensuppe mit Grieß-Gnocchi
## (für 4 Personen)

**Von Martina Tustonjić,**
**Apotheke 26, Berlin**

Gnocchi:
1 Ei
1 Prise Salz und Pfeffer
35 g Hartweizengrieß

Suppe:
800 g reife Tomaten
1 Schalotte
1 Knoblauchzehe
250 ml Gemüsebouillon
Salz, Pfeffer, Zucker
20 g Butter
Einige Basilikumblättchen
zum Garnieren
4 TL Olivenöl

Für die Gnocchi Ei mit Salz und Pfeffer verquirlen, dann den Grieß langsam unterrühren, bis eine gebundene Masse entsteht. Für 1 Stunde zum Quellen in den Kühlschrank stellen.

Für die Suppe die Haut der Tomaten am Stielansatz kreuzweise einritzen, Tomaten kurz in kochendes Wasser tauchen, mit einer Schaumkelle herausheben, in kaltem Wasser abschrecken, dann die Haut abziehen. Tomaten in Würfel schneiden.

Schalotte und Knoblauch schälen und fein hacken. Butter in einem Topf schmelzen, Schalotten- und Knoblauchwürfel darin andünsten, dann die Tomatenstücke zugeben und kurz mitdünsten. Bouillon angießen und die Suppe 10 Minuten zugedeckt köcheln lassen. Dann fein pürieren und ggf. durch ein feines Sieb passieren, um die Tomatenkerne zu entfernen. Mit Salz, Pfeffer und Zucker abschmecken.

Aus der Grießmasse mit Hilfe von 2 Teelöffeln kleine ovale Klöße formen (Nocken abstechen) und 5 Minuten in der heißen Suppe gar ziehen lassen.

Zum Servieren die Basilikumblättchen und jeweils ein TL Olivenöl über der Suppe verteilen.

*Vorspeisen/Suppen*

# Sauerkrautsuppe
## (für 4 Personen)

**Von Christine Meuter,**
**Apotheke am Lessingplatz, Neuss-Norf**

½ Zwiebel
150 g Kartoffeln
1 EL Butter
100 ml Weißwein
150 g rohes Sauerkraut
1 Lorbeerblatt
1 Nelke
100 ml Sahne
Salz, Pfeffer
½ l Bouillon
4 dünne Scheiben geräucherter
Speck
Dill nach Belieben

Zwiebel und Kartoffeln schälen und fein würfeln. Butter in einem Topf schmelzen, Zwiebelwürfel glasig andünsten, mit Wein ablöschen. Kartoffelwürfel, Sauerkraut, Lorbeer, Nelke zugeben, Bouillon angießen und die Suppe zugedeckt 45 Minuten köcheln lassen.

Lorbeerblatt und Nelke herausnehmen, Suppe mit dem Stabmixer pürieren. Kurz aufkochen lassen und mit der Sahne verfeinern. Mit Salz und Pfeffer würzen.

Speck in dünne Streifen schneiden und in einer Pfanne knusprig braten, Dill waschen, trocken schleudern und die Blättchen grob hacken. Zum Servieren die Suppe in tiefe Teller füllen und mit Speckstreifen und gehacktem Dill bestreuen.

Tipp: schmeckt warm und kalt!

*Vorspeisen/Suppen*

# Topinambur-Brokkoli-Suppe
## (für 4 Personen)

**Von Antje Bethmann,**
**Goethe-Apotheke, Leipzig**

6 Topinambur-Knollen
1 kleiner Brokkoli
500 ml Gemüsebrühe
200 g saure Sahne
1 Bund Frühlingszwiebeln
50 g Mandelblättchen
½ EL neutrales Öl (Rapsöl)
Salz, Pfeffer

Topinambur dünn schälen und in Würfel schneiden. Brokkoli waschen, in Röschen teilen, den Stiel schälen und würfeln. 4 Röschen zum Garnieren beiseitestellen. Alles zusammen mit der Gemüsebrühe in einen Topf geben und zugedeckt 10 Minuten weich köcheln. Die Suppe pürieren, saure Sahne zugeben und bei Bedarf mit etwas Wasser oder Brühe verdünnen. Mit Salz und Pfeffer abschmecken.

Frühlingszwiebeln waschen, putzen und in feine Ringe schneiden, die beiseitegestellten Brokkoliröschen in dünne Scheiben schneiden. Rapsöl in einer Pfanne erhitzen, darin Frühlingszwiebeln und Brokkolischeiben andünsten. Aus der Pfanne nehmen, Mandelblättchen dann im restlichen Öl goldbraun rösten. Beides zum Servieren über die Suppe streuen.

S. 72

## Es muss nicht immer Rohkost sein

„Lasst unsere Nahrung so natürlich wie möglich", so lautet eine gängige Ernährungsregel. Das klingt plausibel, verspricht doch das rohe Obst und Gemüse noch alle wertgebenden Inhaltsstoffe zu enthalten. Kein Vitamin wird zerkocht, kein Mineralstoff ausgelaugt. Keine Frage, Rohkost ist gesund. Allerdings müssen es keine Unmengen sein: Auf die Frage, wie viel Obst und Gemüse man denn essen soll, wird von der Ernährungswissenschaft meist „5 am Tag" geantwortet. 5 am Tag bedeutet, drei Handvoll Gemüse und zwei Handvoll Obst täglich zu verzehren, ein Teil davon auch in roher Form. So wird die Vitamin- und Mineralstoffversorgung vervollständigt, die Ballaststoffzufuhr optimiert und der Körper zudem mit gesundheitsförderlichen sekundären Pflanzenstoffen versorgt.

Während manch einer erschrickt, wenn er diese Empfehlungen hört, weil sein Obst- und Gemüsekonsum irgendwo darunter liegt, gibt es auch Zeitgenossen, die deutlich mehr Pflanzliches verzehren, vielfach auch in roher Form: jede Menge knackiger Salate, Gemüse, Kräuter, Säfte und Früchte. Es gibt sogar Menschen, die ausschließlich von Rohem leben. Doch das ist nicht unbedingt besonders gesund. Denn nur weil in rohem Gemüse noch besonders viele Vitamine und andere Wirkstoffe enthalten sind, heißt das nicht, dass große Mengen nicht auch unerwünschte Folgen haben können. Auch mit roher Pflanzenkost kann man es übertreiben und sein Verdauungssystem auf eine harte Probe stellen. Denn Pflanzliches ist roh oft schlecht verdaulich und kann schwer im Magen liegen. Gerade bei Sodbrennen und Magenproblemen wird daher mehr Gegartes empfohlen.

Es geht hier keinesfalls darum, rohe Gemüse und Salate vom Speiseplan zu verbannen. Der Nutzen eines bunten Rohkosttellers, eines Salates oder eines Glases Saft steht außer Frage. Dennoch sei auch hier vor Übertreibungen gewarnt. Zudem haben auch das Kochen und Backen einen biologischen Sinn: Erst mit ihrer Hilfe gelang es dem Menschen, giftige und unbekömmliche Stoffe aus seiner Nahrung zu entfernen oder unschädlich zu machen.

Zudem werden manche Inhaltsstoffe wie etwa das Beta-Karotin oder das Lykopin aus Tomaten und Möhren durch Zerkleinern und Erhitzen viel leichter für den Körper verfügbar. Deswegen ist es sinnvoll, sowohl Rohkost als auch gekochtes Gemüse zu essen. Am besten, man hält sich an seinen Appetit: Wem allzu üppige Rohkostplatten nicht gut bekommen, der sollte sich auf kleine Portionen beschränken und sein Gemüse ansonsten gegart genießen.

S. 60

S. 52

## Salate

52 Spargelsalat
54 Exotischer Garnelensalat
56 Bunter Linsensalat
58 Spargel-Erdbeer-Salat
60 Kartoffelsalat mediterran

S. 68

62 Brotsalat
64 Salat mit Hähnchenbrust und Pilzen
66 Weinbergpfirsichsalat
68 Mediterraner Nudelsalat
70 Hering im Herbstmantel

72 Salat mit Früchten und Schinken

*Salate*

# Spargelsalat
## (für 4 Personen)

**Von Petra Krone,
Neue Apotheke, Elze**

500 g grüner Spargel
500 g weißer Spargel
1 TL Zucker und Salz
1 EL Butter
1 Bund Rucola
1 Bund Estragon
6 EL Rapskernöl
4 EL Spargelessig
(ersatzweise Weißweinessig)
Salz, Pfeffer
2 hartgekochte Eier

Weiße Spargelstangen schälen, beim grünen Spargel nur das untere Drittel schälen und die holzigen Enden abschneiden. Spargelstangen in mundgerechte Stücke schneiden. In einem großen Topf reichlich Wasser mit Zucker, Salz und Butter aufkochen, Spargelstücke hineingeben und bissfest gar ziehen lassen. Abtropfen und abkühlen lassen.

Rucola waschen, trocknen und die groben Stiele abschneiden. Rucola mit Spargelstücken mischen.

Estragon waschen, trocken tupfen, Blättchen von den Stielen zupfen und fein hacken. Zusammen mit Öl und Essig zu einem Dressing verrühren, mit Salz und Pfeffer würzen, über den Spargelsalat gießen und alles vermengen. Die gekochten Eier pellen, hacken und auf dem Salat servieren.

*Salate*

## Exotischer Garnelensalat
*(für 4 Personen)*

**Von Isabell Siegle,**
**Easy Apotheke, Backnang**

350 g Chicorée
3 reife Kiwis
200 g Papaya
4 EL Sonnenblumenöl
1 EL Sesamöl
2 EL Limettensaft
Salz, Pfeffer
Etwas Zucker
300 g Garnelen, küchenfertig
½ rote Chilischote
1 rustikales Baguette

Chicorée waschen, putzen, längs halbieren, den bitteren Strunk keilförmig herausschneiden und die Hälften quer in breite Streifen schneiden.

Kiwis und Papaya mit einem Sparschäler dünn schälen, bei der Papaya mit einem Löffel die schwarzen Kerne herauslösen, Fruchtfleisch würfeln.

2 EL Sonnenblumenöl und das Sesamöl mit Limettensaft, Salz, Pfeffer und etwas Zucker zu einem Dressing verschlagen und alle vorbereiteten Zutaten in einer Schüssel damit vermengen.

Garnelen kalt abspülen, trocken tupfen und mit dem restlichen Öl in einer weiten Pfanne von beiden Seiten anbraten. Mit Salz und Pfeffer würzen, auf dem Salat anrichten.

Chili in feine Streifen schneiden und darüber verteilen. Zusammen mit Baguette servieren.

*Salate*

# Bunter Linsensalat
## (für 4 Personen)

Von Rita Becker,
Engel Apotheke, Trier

125 g schwarze Linsen (Beluga-Linsen)
125 g rote Linsen
Je 150 g Möhren, Knollensellerie, Lauch
6 EL Rapsöl
3 EL Balsamico bianco
2 TL Sesamöl
1 Bund Koriander
Salz, Pfeffer, Zucker
400 g geräucherte Forellenfilets

Linsen getrennt nach Packungsanweisung kochen, abschrecken und in einem Sieb abtropfen lassen.

Gemüse schälen, putzen und fein würfeln oder in Streifen schneiden. In kochendem Salzwasser bissfest garen, in kaltem Wasser abschrecken, abtropfen lassen.

Raps- und Sesamöl mit Essig und je einer guten Prise Salz, Pfeffer und Zucker zu einem Dressing verschlagen.

Koriander waschen, trocken tupfen, Blättchen von den Stielen zupfen und in Streifen schneiden. Zusammen mit den Linsen und dem Gemüse unter das Dressing heben. Fischfilets in mundgerechte Stücke teilen und mit dem Salat auf Tellern anrichten. Mit Korianderblättchen garnieren.

Tipp: Salat im Kühlschrank etwas durchziehen lassen. Schmeckt dann noch aromatischer.

*Salate*

# Spargel-Erdbeer-Salat
## (für 4 Personen)

**Von Claudia Keidel,**
**Apotheke Alte Messe, Leipzig**

1 Vanilleschote
50 ml Gemüsebrühe
2 EL Orangensaft
2 EL weißer Balsamessig
oder ersatzweise Weißweinessig
Salz
Pfeffer
2 TL Zucker
500 g Spargel
200 g Erdbeeren
1 großes Bund Rucola
6 EL Olivenöl

Vanilleschote mit einem scharfen Messer längs halbieren, das Mark herauskratzen. Gemüsebrühe, Orangensaft, Essig und Vanillemark verrühren, aufkochen und mit Salz, Pfeffer und Zucker abschmecken.

Spargel sorgfältig schälen und längs in 2 mm dünne Scheiben schneiden. Mit der vorbereiteten Marinade mischen und 3–4 Stunden ziehen lassen.

Erdbeeren waschen, putzen und halbieren. Rucola waschen, trocken schleudern und auf 4 Teller verteilen. Spargelscheiben aus dem Sud heben und auf den Rucolasalat setzen, Erdbeeren darauf verteilen. Olivenöl mit einem Schneebesen unter den Sud rühren und über den Salat träufeln. Salat sofort servieren.

Salate

## Kartoffelsalat mediterran
*(für 4 Personen)*

**Von Veronika Schneider,
Apotheke am Markt, Schopfheim**

800 g kleine, festkochende Kartoffeln
Salz
125 ml Orangensaft
Pfeffer
1 TL Senf
4 EL Balsamico bianco
8 EL Olivenöl
125 g Rucola
10 getrocknete Tomaten (in Öl)
½ Bund Schnittlauch
100 g schwarze Oliven (ohne Stein)

Kartoffeln waschen, mit reichlich Salzwasser aufkochen und 25–30 Min. garen. Dann abgießen, ausdämpfen, schälen und je nach Größe halbieren oder vierteln.

Orangensaft mit 2 Prisen Salz, frisch gemahlenem schwarzem Pfeffer, Senf und Essig verrühren, dann nach und nach das Öl zugeben und mit einem Schneebesen unterschlagen.

Die Vinaigrette über die noch warmen Kartoffeln geben, gut vermengen und abgedeckt kalt stellen.

Rucola waschen, trocken tupfen, verlesen und die Blätter grob zerpflücken.

Tomaten aus dem Öl nehmen, etwas abtropfen lassen und in Streifen schneiden. Schnittlauch waschen, trocken tupfen und in feine Röllchen schneiden.

Marinierte Kartoffeln mit Rucola, Tomaten und Oliven mischen, abschmecken und vor dem Servieren mit Schnittlauchröllchen bestreuen.

● *Christian Rachs Tipp:*
*Kartoffelsalat sollte immer an dem Tag zubereitet werden,*
*an dem er verzehrt wird, da gekochte Kartoffeln im Kühlschrank*
*ihren Geschmack verändern.*

*Salate*

# Brotsalat
## (für 4 Personen)

**Von Birte Barleben,
Einhorn Apotheke, Essen**

1 Fladenbrot oder Ciabatta
vom Vortag
10 EL Rotweinessig
2 Lorbeerblätter
10 schwarze Pfefferkörner
1 kleine Zwiebel
1 rote und gelbe Paprika
250 g Tomaten
2 Frühlingszwiebeln
3 Knoblauchzehen
12 EL Olivenöl
1 Bund glatte Petersilie
1 Bund Basilikum
Salz, Pfeffer

Brot in kleine Stücke zupfen, auf einem Blech ausbreiten und an der Luft etwas trocknen lassen.

In der Zwischenzeit die Zwiebel schälen und in grobe Stücke schneiden. Zusammen mit 1/8 l Wasser, Rotweinessig, Lorbeerblättern und Pfefferkörnern in einem Topf aufkochen, beiseitestellen und abkühlen lassen, dann den Sud durch ein Sieb in eine Schüssel gießen.

Rote und gelbe Paprika gründlich waschen, trocknen, putzen und fein würfeln.

Tomaten am Stielansatz kreuzweise einritzen, in kochendem Salzwasser überbrühen, abschrecken, etwas abkühlen lassen und häuten. Dann entkernen und das Fruchtfleisch in Stücke schneiden.

Frühlingszwiebeln waschen, putzen und in feine Ringe schneiden.

Brotwürfel (im Ofen bei 200 °C Ober-/Unterhitze ca. 10 Minuten knusprig und leicht braun rösten, in eine Schüssel geben und mit dem kalten Essigsud mischen.

Knoblauchzehen schälen und sehr fein hacken. Mit dem Olivenöl mischen, salzen und pfeffern.

Kräuter waschen, trocken tupfen, Blättchen von den Stielen zupfen und grob hacken. Alle Zutaten zu dem Brot in die Schüssel geben und mischen. 1 Std. kühl ziehen lassen, evtl. nachwürzen und servieren.

Tipp: schmeckt auch mit Thunfisch und Kapern oder Oliven.

*Salate*

# Salat mit Hähnchenbrust und Pilzen
## (für 4 Personen)

Von Nicole Schier,
Ranke Apotheke, Wiehe

2 Knoblauchzehen
350 g Waldpilze
8 EL neutrales Öl
2 TL gehackte Petersilie
Saft von ½ Zitrone
Salz, Pfeffer
8 kleine Tomaten
200 g Blattsalat
2 EL Weißweinessig
1 EL grobkörniger Senf
2 Hähnchenbrustfilets
½ TL edelsüßes Paprikapulver
15 g Butter

Knoblauch schälen und klein hacken. Pilze putzen und in mundgerechte Stücke schneiden. 2 EL Öl in einer weiten Pfanne erhitzen und die Pilze darin scharf anbraten. Knoblauch zugeben, kurz mitbraten, Pfanne vom Herd nehmen und die Pilze mit gehackter Petersilie, Zitronensaft, Salz und Pfeffer abschmecken.

Für das Dressing 4 EL Öl mit Essig, Senf, Salz und Pfeffer verquirlen.

Tomaten waschen und halbieren. Blattsalat waschen, trocken schleudern, in mundgerechte Stücke zupfen und in einer Schüssel mit der Hälfte des Dressings mischen.

Hähnchenbrustfilets waschen, trocken tupfen, in Würfel schneiden und mit Salz und Pfeffer würzen. Restliches Öl (2 EL) in einer Pfanne erhitzen und die Fleischstücke darin rundherum knusprig braun anbraten. Fleisch mit Paprikapulver bestäuben, einmal durchschwenken und aus der Pfanne heben. Fleisch auf Küchenpapier abtropfen lassen.

Hähnchenfleisch und Pilze mischen, auf dem Blattsalat anrichten, mit den Tomatenhälften garnieren, restliches Dressing darüberträufeln und sofort servieren.

*Salate*

# Weinbergpfirsichsalat
## (für 4 Personen)

Von Christiane Kroth,
Hirsch-Apotheke, Zell an der Mosel

4 Weinbergpfirsiche
150 ml trockener Weißwein
Saft einer ½ Zitrone
30 g Zucker
2 EL Quittenessig
oder ersatzweise
weißer Balsamessig
1 cl Quittenschnaps
1 TL Butter
2 Zucchini
2 EL Olivenöl
Salz
Pfeffer
8 Scheiben Parmaschinken

Weinbergpfirsiche waschen und vierteln. Weißwein, Zitronensaft, 20 g Zucker und 200 ml Wasser aufkochen, die Pfirsiche hineingeben und 5 Min. bei kleiner Hitze köcheln lassen.

Inzwischen Zucchini waschen, putzen und längs in jeweils 4 Scheiben schneiden. Öl in einer Pfanne erhitzen, die Zucchiniviertel darin goldbraun braten und zum Entfetten auf Küchenpapier setzen, salzen und pfeffern. Pfirsiche aus dem Sud nehmen und die Haut abziehen. Restlichen Zucker in einer beschichteten Pfanne bei kleiner Hitze goldbraun karamellisieren, mit Quittenessig und -schnaps ablöschen, Butter dazugeben und mit 100 ml Pfirsichsud auffüllen. Pfirsiche zugeben und 2 Min. mit dem Karamellsud köcheln lassen.

Parmaschinken um die Zucchinischeiben wickeln und auf 4 Teller geben. Weinbergpfirsiche dazugeben und alles mit dem Karamellsud beträufeln.

Salate

## Mediterraner Nudelsalat
*(für 4 Personen)*

Von Elke Gass,
Honberg Apotheke, Tuttlingen

2 kleine Zucchini
1 Aubergine
1 gelbe Paprika
3 Tomaten
150 g Champignons
1 Zweig Rosmarin
1 Knoblauchzehe
50 ml Olivenöl
300 g Penne
Balsamico bianco
Salz, Pfeffer
1 Bund Basilikum
80 g frisch gehobelter Parmesan

Zucchini, Aubergine, Tomaten, Paprika und Champignons waschen, putzen und in kleine Würfel schneiden.

Olivenöl in einer weiten Pfanne erhitzen und das Gemüse, bis auf die Tomaten, zusammen mit Rosmarin und Knoblauch darin anbraten. Mit Tomaten mischen und kräftig würzen.

Penne in reichlich Salzwasser al dente kochen, abschrecken und abtropfen lassen. In einer großen Schüssel mit dem Gemüse mischen. Alles mit Balsamico und Gewürzen abschmecken.

Basilikum waschen, trocken tupfen, Blättchen von den Stielen zupfen und in Streifen schneiden. Kurz vorm Servieren unter den Salat mischen und mit gehobeltem Parmesan bestreuen.

Schmeckt frisch und noch lauwarm oder kalt!

*Salate*

## Hering im Herbstmantel
*(für 4 Personen)*

Von Ramona Spalteholz,
Apotheke im GLOBUS, Markkleeberg

500 g Kartoffeln
500 g Karotten
3 Rote Bete
2 Matjes-Doppelfilets
2 EL Mayonnaise
400 g Schmand
1 EL Zitronensaft
Salz, Pfeffer
3 hartgekochte Eier

Kartoffeln waschen, mit reichlich Salzwasser gar kochen, abgießen, abschrecken und pellen. Auskühlen lassen, dann in kleine Würfel schneiden.

Karotten und Rote Bete schälen, beides getrennt voneinander klein würfeln und in Salzwasser bissfest garen. Abgießen, abschrecken, abtropfen und auskühlen lassen. Matjesfilets ebenfalls in kleine Würfel schneiden.

Mayonnaise mit Schmand, Zitronensaft, Salz und Pfeffer zu einem Dressing verrühren.

Alle Zutaten in einer weiten Schüssel übereinanderschichten: zuerst die Heringswürfel auf dem Boden verteilen, mit ¼ des Dressings beträufeln. Darauf die Pellkartoffelwürfel geben, mit einem weiteren Viertel Dressing bedecken, dann die Rote-Bete-Würfel, erneut etwas Dressing, zuletzt die Karottenwürfel und restliches Dressing darauf verteilen.

Die gekochten Eier pellen, hacken und über den Schichtsalat streuen. Im Kühlschrank mit Folie abgedeckt einige Stunden durchziehen lassen, dann servieren.

*Salate*

## *Salat mit Früchten und Schinken*
*(für 4 Personen)*

Von Janina Kühn,
Mickefett-Apotheke, Ilsede

1 Zitrone
1 reife Avocado
300 g rote Trauben
50 g Walnüsse
1 Bund Petersilie
1 kleiner Kopf Eichblattsalat
100 g Schinken (am Stück)
100 ml Sanddornsaft aus dem Reformhaus (gesüßt)
2 EL Walnussöl
2 EL Aceto Balsamico
1 TL Honig
Salz, Pfeffer

Zitrone halbieren und Saft auspressen. Avocado schälen, ebenfalls halbieren, Kern herauslösen und das Fruchtfleisch in Würfel schneiden. Sofort mit der Hälfte des Zitronensaftes vermischen, damit es nicht braun wird. Trauben waschen, trocknen, längs halbieren und ggf. Kerne entfernen.

Walnüsse grob hacken und in einer Pfanne ohne Fett bei niedriger Temperatur leicht rösten. Petersilie waschen, trocken tupfen, Blättchen von den Stielen zupfen und in Streifen schneiden. Salat putzen, waschen, trocknen und in mundgerechte Stücke schneiden. Schinken würfeln. Alle vorbereiteten Zutaten in einer großen Schüssel mischen.

Sanddornsaft, restlichen Zitronensaft, Walnussöl, Essig, Honig, Salz und Pfeffer zu einem Dressing verschlagen und über den Salat geben.

## Fleischlos glücklich

Vegetarische Gerichte werden immer beliebter, sei es aus ökologischen, tierschützerischen oder gesundheitlichen Gründen oder einfach nur, weil sie gut schmecken. Wer nicht nur gelegentlich ein vegetarisches Menü genießt, sondern seine Ernährung komplett umstellen möchte, sollte jedoch wissen, dass es nicht genügt, einfach nur Fleisch und Wurst wegzulassen. Wer sich vegetarisch und gesund ernähren möchte, sollte genau wie Mischköstler ausreichend Gemüse und Obst essen und bei Brot die nahrhafteren Vollkornvarianten bevorzugen.

Wer dazu Milchprodukte und Eier genießt, muss sich um die Nährstoffversorgung keine Sorgen machen. Auch vor dem Cholesterin darin braucht sich niemand zu fürchten, denn es wandert keineswegs unmittelbar in die Blutgefäße, um sie zu verstopfen. Cholesterin ist ein lebensnotwendiger Stoff, der Körperzellen und Gehirn funktionsfähig hält. Weil der Stoff so wichtig ist, verlässt sich unser Körper nicht darauf, dass wir genug davon essen: Ein gutes Gramm Cholesterin stellt er selber her, jeden Tag. Tatsächlich sind Eier wahre Nährstoffbomben: Neben Vitamin D und E, Folsäure, Eisen und Zink, sind für Vegetarier vor allem ihr hochwertiges Fett und Eiweiß interessant sowie das Vitamin B12. Dieses Vitamin kommt in pflanzlichen Lebensmitteln praktisch nicht vor. Deswegen ist es nicht unbedingt ratsam, sich streng vegetarisch (vegan) zu ernähren, d.h. auf Milch und Eier ganz zu verzichten.

Neben Gemüse, Getreideprodukten und Obst spielen auch Nüsse eine wichtige Rolle in der vegetarischen Kost. Sie sind zwar kalorienreich, enthalten dafür aber auch jede Menge Nährstoffe wie pflanzliches Eiweiß, hochwertige Fette und verdauungsfördernde Ballaststoffe, die Mineralstoffe Kalium, Magnesium und Kalzium, dazu B-Vitamine und Vitamin E, das die wertvollen Fette der Nüsse schützt. Wissenschaftliche Studien zeigen, dass ein mäßiger (etwa eine Handvoll täglich), aber regelmäßiger Nusskonsum das Herzinfarktrisiko senkt.

Eine weitere wichtige Lebensmittelgruppe in der vegetarischen Küche sind Hülsenfrüchte. Was Bohnen, Linsen und Co. neben ihrem hohen Vitamin-, Mineralstoff- und Ballaststoffgehalt auszeichnet, ist der für pflanzliche Lebensmittel hohe Eiweißanteil. In Kombination mit Getreide ist dieses Eiweiß so hochwertig, dass es tierische Lebensmittel gut ersetzen kann.

S. 88

S. 94

## Hauptgänge
*Vegetarisch*

S. 84

76  Bohnen-Süßkartoffel-Gemüse
78  Gemüse-Bolognese mit roten Linsen
80  Gemüse-Hirse-Auflauf
82  Gemüse-Zitronen-Spaghetti mit Frischkäse
84  Gemüsecurry mit Tofu

86  Gratinierter Fenchel
88  Grüne Bohnen mit Walnüssen und Ofenkartoffeln
90  Grüne Spargelfrittata und Ciabatta
92  Mangold-Lasagne
94  Mangold-Päckchen mit Rosmarinkartoffeln

96  Parmesanknödel auf Tomatensauce
98  Rotes Topinamburgemüse mit kerniger Kräuterkruste

S. 86

S. 92

75

*Hauptgänge, Vegetarisch*

# Bohnen-Süßkartoffel-Gemüse
## (für 4 Personen)

**Von Dr. Margot Eilers,**
**Apotheke am Niederort, Greven**

250 g Basmatireis
400 g grüne Bohnen
400 g Süßkartoffeln
15 frische Minzblätter
1 kleine grüne Chilischote
1 Knoblauchzehe
3 EL Rapsöl
½ TL Kurkumapulver
1 Msp. Kreuzkümmel, gemahlen
100 ml Gemüsebouillon
Salz

Basmatireis nach Packungsanweisung zubereiten. Bohnen waschen, trocknen, putzen und in kochendem Salzwasser 3–5 Minuten blanchieren. In Eiswasser abschrecken und in einem Sieb abtropfen lassen. Schräg halbieren und beiseitestellen.

Süßkartoffeln schälen und in grobe Stücke schneiden. Minzblättchen in Streifen schneiden, Chili putzen, entkernen und fein würfeln. Knoblauch schälen und hacken.

Rapsöl in einem Wok oder einer großen, tiefen Pfanne erhitzen und die Kartoffelwürfel darin rundherum kross anbraten. Herausnehmen und beiseitestellen.

Minze, Chili und Knoblauch im „Kartoffelöl" kurz anbraten, mit Kurkuma und Kreuzkümmel würzen, Bouillon angießen, aufkochen, Bohnen zufügen und alles 20 Minuten köcheln lassen. Nach 15 Minuten die Kartoffelwürfel beigeben und garen. Mit Salz abschmecken, dann den aufgelockerten Basmatireis unterheben und das Gericht servieren.

*Hauptgänge, Vegetarisch*

# Gemüse-Bolognese mit roten Linsen
## (für 4 Personen)

**Von Tamara Rohrbach,
Apotheke 26, Berlin**

1 Knoblauchzehe
1 Zwiebel
2 Lauchstangen
25 g Staudensellerie
1 grüne Paprika
1 Zucchini
4 EL Olivenöl
50 ml Rotwein
1 Dose Tomaten, gehackt (400 g)
5 Stiele Thymian
6 EL rote Linsen
Salz, Pfeffer
1 EL Zitronensaft
1 TL Zucker
1 Bund Basilikum
500 g Spaghetti

Zwiebel und Knoblauch schälen, sehr fein würfeln. Restliches Gemüse waschen, putzen und ebenfalls sehr klein schneiden. Öl in einer tiefen Pfanne erhitzen, Zwiebel- und Knoblauchwürfel kurz darin andünsten, dann das vorbereitete Gemüse zugeben und unter Rühren anbraten. Mit Rotwein ablöschen, Dosentomaten und Thymianzweige hinzufügen und die Bolognese 20 Minuten offen köcheln lassen, bis sie etwas eindickt. Linsen dazugeben und 5 Minuten mitkochen lassen.

In der Zwischenzeit Spaghetti in reichlich kochendem Salzwasser nach Packungsanleitung garen. Dann durch ein Sieb abgießen und abtropfen lassen.

Bolognese mit Salz, Pfeffer, Zitronensaft und Zucker abschmecken.

Basilikum waschen, trocken tupfen, Blättchen von den Stielen zupfen und in Streifen schneiden. Spaghetti mit Gemüse-Bolognese auf Tellern anrichten und mit Basilikumstreifen garniert servieren.

*Hauptgänge, Vegetarisch*

# Gemüse-Hirse-Auflauf
## (für 4 Personen)

**Von Michaela Zerle,**
**Johannes Apotheke, Piding**

1 Zwiebel
100 g Karotten
100 g Zucchini
30 g Butter
500 ml Gemüsebrühe
1 TL Hefewürze
1 Lorbeerblatt
Salz, Pfeffer
200 g Hirse
150 g TK-Erbsen
1 EL weiche Butter (für die Form)
3 Eier
100 ml Milch
Muskatnuss
75 g geriebener Hartkäse

Zwiebel und Karotten schälen, fein würfeln. Zucchini waschen, putzen und ebenfalls würfeln. Hirse in einem Sieb mit kaltem Wasser gründlich abspülen und abtropfen lassen. Butter in einer Pfanne zerlassen, Zwiebelwürfel und Hirse darin glasig dünsten, mit Brühe ablöschen, dann Karotten und Zucchini zugeben. Mit Hefewürze, Lorbeerblatt, etwas Salz und Pfeffer abschmecken, zugedeckt 15 Minuten köcheln lassen, dann die Erbsen untermengen.

Auflaufform mit Butter einfetten und die Hirse-Gemüsemasse einfüllen.

Eier und Milch verquirlen, mit Salz, Pfeffer und frisch geriebenem Muskat würzen, über die Gemüsehirse gießen. Mit geriebenem Käse bestreuen und im vorgeheizten Ofen bei 200 °C Ober-/Unterhitze (Umluft 180 °C) auf mittlerer Schiene ca. 15–20 Minuten goldbraun überbacken.

*Hauptgänge, Vegetarisch*

# Gemüse-Zitronen-Spaghetti mit Frischkäse
## (für 4 Personen)

**Von Aksoy Saloglu,
Rathaus Apotheke, Haiger**

250 g Vollkornspaghetti (ohne Ei)
Salz
6 EL Olivenöl
1 Bio-Zitrone
200 g Kohlrabi
200 g Karotten
1 rote Paprika
1 Zwiebel
1 Knoblauchzehe
100 g Champignons
100 g Kräuteroliven
Cayennepfeffer
Kreuzkümmel, gemahlen
120 g Ziegenfrischkäse mit Kräutern
Je 2 Stiele Minze und Petersilie

Spaghetti nach Packungsanleitung in reichlich kochendem Salzwasser al dente garen. Durch ein Sieb abgießen und dabei 300 ml Nudelwasser auffangen.

Zitrone gründlich waschen, trocknen, Schale fein abreiben und Saft auspressen. Spaghetti mit 4 EL Olivenöl und Zitronenschale in einer großen Schüssel vermengen.

Das Gemüse schälen, putzen und waschen. Karotten und Kohlrabi in schmale Stifte, Paprika in Streifen schneiden. Zwiebel und Knoblauch hacken, Pilze je nach Größe halbieren oder vierteln.

Restliches Öl in einer weiten Pfanne erhitzen, Zwiebel und Knoblauch glasig dünsten, dann restliches Gemüse zugeben und alles bei milder Hitze unter Rühren anbraten. Kräuteroliven zufügen, mit Salz, Cayennepfeffer, Kreuzkümmel und Zitronensaft kräftig abschmecken. Nudelwasser angießen und köcheln lassen, bis das Gemüse gar ist. Spaghetti unterheben und das Gericht auf Teller verteilen. Ziegenfrischkäse darüber verteilen und mit Minze- und Petersilienblättchen garniert servieren.

*Hauptgänge, Vegetarisch*

# Gemüsecurry mit Tofu
## (für 4 Personen)

Von Christina Betzler,
Engel Apotheke, Buxtehude

1 kg Gemüse (z. B. Karotten, Kürbis, Paprika)
2–3 Zwiebeln
4–5 Zehen Knoblauch
5 cm frische Ingwerwurzel
1 rote Chilischote
1 TL Kurkumapulver
Salz
Saft von 2 Limetten
3 EL neutrales Öl
1 Dose Kokosmilch
400 g Tofu

Das Gemüse waschen, trocknen, putzen und klein schneiden. In wenig kochendem Salzwasser bissfest dünsten, in ein Sieb geben, kalt abschrecken, abtropfen lassen.

Zwiebel, Knoblauch und Ingwer schälen, Chili längs halbieren, Kerne entfernen, alles fein würfeln. Im Mixer oder mit einem Stabmixer pürieren, dabei Kurkuma, Salz, Limettensaft und Öl zugeben. Die Currypaste in eine große Pfanne mit Deckel (Wok) geben und unter Rühren langsam erwärmen. Kokosmilch zugeben und auf kleiner Flamme 10 Minuten köcheln lassen. Tofu aus der Packung nehmen, mit Küchenpapier etwas trocken tupfen und in Würfel schneiden. Zusammen mit dem vorgegarten Gemüse in die Curry-Kokos-Mischung geben und ein paar Minuten köcheln lassen.

Mit Glasnudeln oder Basmatireis servieren.

Tipp: mit frischem Koriander servieren.

*Hauptgänge, Vegetarisch*

# Gratinierter Fenchel
## (für 4 Personen)

**Von Katja Puhl,**
**Apotheke im Globus, Losheim am See**

1 kg Fenchel (ca. 4 Knollen)
1 Bio-Zitrone
500 g Tomaten
6 EL Olivenöl
Salz, Pfeffer
1 Zwiebel
2 Knoblauchzehen
4 EL Semmelbrösel
1 Bund glatte Petersilie
3 EL geriebener Pecorino

Fenchel waschen, putzen, das Fenchelgrün aufbewahren und die Knollen längs halbieren. Zitrone waschen, trocknen, Schale fein abreiben, Saft auspressen.

In einem großen Topf reichlich Salzwasser mit Zitronensaft und -schale zum Kochen bringen, Fenchelhälften darin 20 Minuten garen. Tomaten am Stielansatz kreuzweise einritzen, mit kochendem Wasser überbrühen, kalt abschrecken, häuten, vierteln und entkernen. Eine Auflaufform mit 2 EL Öl einfetten, Tomatenviertel hineingeben.

Fenchel aus dem Sud heben, abtropfen lassen und mit der glatten Schnittkante nach oben darauflegen. Mit Salz und Pfeffer würzen, 125 ml vom Kochsud angießen.

Zwiebel und Knoblauch schälen, fein hacken und im restlichen Öl anbraten. Semmelbrösel zugeben und goldbraun rösten, Pfanne vom Herd nehmen.

Petersilie waschen, trocken schütteln, Blättchen von den Stielen zupfen, hacken und zusammen mit dem Pecorino unter die Semmelbrösel mischen. Die Masse auf den Fenchelhälften verteilen und im vorgeheizten Ofen bei 170 °C Ober-/Unterhitze auf mittlerer Schiene 20 Minuten überbacken. Fenchelgrün fein hacken und kurz vor dem Servieren über das Gemüse streuen.

*Hauptgänge, Vegetarisch*

# Grüne Bohnen mit Walnüssen und Ofenkartoffeln
## (für 4 Personen)

**Von Johanna Paulus,**
**Apotheke im Globus, Losheim am See**

20 g Kokosfett
500 g Kartoffeln
Rosmarin
500 g grüne Bohnen
1 Zitrone
2 EL Walnüsse
4 EL Butter
2 EL Aceto Balsamico
Salz, Pfeffer

Ein Backblech auf einer Herdplatte erwärmen und dünn mit Kokosfett bestreichen.

Kartoffeln waschen, schälen und in Würfel schneiden. Rosmarinnadeln von den Stielen zupfen und mit den Kartoffelwürfeln auf dem Blech vermischen. Salzen und pfeffern, im vorgeheizten Backofen bei 200 °C Ober-/Unterhitze ca. 20 Minuten goldbraun rösten. Zwischendurch gelegentlich wenden.

In der Zwischenzeit die Bohnen waschen, putzen, nach Belieben halbieren. In einem Topf mit reichlich Salzwasser 10 Minuten offen kochen lassen. Durch ein Sieb abgießen, gut abtropfen lassen und auf einer Platte anrichten. Im Ofen warm halten. Zitrone in Spalten schneiden.

Walnüsse grob hacken und in einer Pfanne ohne Fett anrösten, auf einen Teller geben und beiseitestellen. Butter, Essig, Salz und Pfeffer in die Pfanne geben und ca. 3 Minuten köcheln lassen, dann die Walnüsse unterrühren. Die Sauce über die Bohnen geben, mit Zitronenspalten garnieren und zusammen mit den Ofenkartoffeln servieren.

*Hauptgänge, Vegetarisch*

# Grüne Spargelfrittata mit Ciabatta
## (für 4 Personen)

**Von Claudia Ketels-Strauß,**
**Löwen-Apotheke, Iserlohn**

500 g grüner Spargel
4 EL Olivenöl
1 rote Chilischote
2 Bund Basilikum
4 Eier
Salz, Pfeffer
100 g Parmesan, gerieben
1 Ciabatta

Spargel waschen, trocknen, unteres Drittel der Stangen schälen und die holzigen Enden abschneiden. Olivenöl in einer Pfanne erhitzen, Spargel in 2 cm lange Stücke schneiden und 10 Minuten darin andünsten.

Chilischote waschen, putzen, längs halbieren und die Kerne entfernen. Chili fein hacken und zum Spargel geben.

Basilikum waschen, trocken tupfen, Blättchen von den Stielen zupfen und in Streifen schneiden. Eier mit Salz und Pfeffer verquirlen, Basilikum und Parmesan unterziehen. Eimasse über den Spargel in die Pfanne gießen und bei sanfter Hitze zugedeckt 10 Minuten stocken lassen. Mit Hilfe des Deckels oder eines großen Tellers die Frittata wenden und weitere 5 Minuten auf der anderen Seite braten.

Zusammen mit frischem Ciabatta (und grünem Salat) servieren.

■ *Christian Rachs Tipp:*
*Dieses Gericht lässt sich leicht zubereiten, schmeckt warm und kalt und kann auch zu einem Picknick mitgenommen werden. Es kann auch mit diversen anderen Gemüsesorten zubereitet werden, z. B. Grüne Bohnen, Artischocken, Kartoffeln, Brokkoli…*

*Hauptgänge, Vegetarisch*

# Mangold-Lasagne
## (für 4 Personen)

Von Sabine Schlözer und Dr. Bernd Schlözer,
Pestalozzi Apotheke, Mannheim

Pastateig:
200 g Mehl (Type 00)
3 Eier
Gemüsefüllung:
2 Köpfe Mangold
3 Schalotten
3 Zehen Knoblauch
10 Tomaten
4 EL Olivenöl
2 EL Tomatenmark
Salz, Pfeffer
Oregano, Estragon, Thymian, Lavendel (nach Belieben)
Bechamel:
100 g Butter
100 g Mehl
200 ml Sahne
500 ml Gemüsebrühe
Muskatnuss
Zum Bestreuen:
150 g Parmesan, fein gerieben

Für die Pasta Eier und Mehl mit etwas Salz zu einem glatten, trockenen Teig kneten. In Folie wickeln und für mindestens 30 Minuten in den Kühlschrank legen.

Inzwischen den Mangold putzen, Blätter von den Stielen schneiden und beides getrennt gründlich waschen. Blätter hacken, Stiele würfeln und beides nacheinander in kochendem Salzwasser blanchieren. In Eiswasser abschrecken und in einem Sieb abtropfen lassen. Tomaten am Stielansatz kreuzweise einritzen, mit kochendem Wasser überbrühen, kalt abschrecken und häuten. Fruchtfleisch grob würfeln und beiseitestellen. Schalotten und Knoblauch schälen, fein würfeln und beides in Olivenöl andünsten. Tomatenstücke und Tomatenmark zugeben, mit Salz, Pfeffer und Kräutern würzen, etwas einkochen lassen. Für die Bechamel Butter in einem Topf zerlassen und aufschäumen. Mehl zugeben und unter Rühren anrösten. Nach und nach Sahne und Brühe zugießen und dabei kräftig mit einem Schneebesen rühren, damit keine Klumpen entstehen und die Sauce nicht anbrennt. Mit frisch geriebenem Muskat, Salz und Pfeffer kräftig würzen. Pastateig erneut durchkneten und auf einer gut bemehlten Arbeitsfläche (am besten mit einer Pastamaschine) zu sehr dünnen Teigplatten ausrollen. In mindestens 10 Rechtecke (Lasagneplatten) schneiden. Eine Auflaufform mit Bechamel ausstreichen, etwas Tomatensauce darauf verteilen und mit Lasagneplatten belegen. Bechamel darübergeben, Mangold darauf verteilen, mit Tomatensauce und Lasagne bedecken. In der Reihenfolge weiter schichten, bis alle Zutaten aufgebraucht sind. Die oberste Schicht sollte Mangold mit etwas Tomatensauce und Bechamel sein. Mit Parmesan bestreuen und im vorgeheizten Ofen bei 180 °C Ober-/Unterhitze (Umluft 160 °C) auf mittlerer Schiene 20–25 Minuten goldbraun überbacken.

Tipp: fertig gekaufte Lasagneplatten und Dosentomaten sparen etwas Zeit!

*Hauptgänge, Vegetarisch*

# Mangold-Päckchen mit Rosmarinkartoffeln
## (für 4 Personen)

Von Annette Helwig-Reimers,
Wolfsmeer-Apotheke, Moormerland

800 g Mangold
1 große Zwiebel
2 Knoblauchzehen
250 g braune Champignons
10 EL Olivenöl
Salz, Pfeffer
Kräuter der Provence
2 Eier
2–3 EL Paniermehl
Muskatnuss
200 g Schafkäse/Feta
1 EL weiche Butter (für die Form)
500 g Kartoffeln
2 EL frische Rosmarinnadeln

Mangold waschen, trockentupfen und die Blätter keilförmig von den breiten Stielen schneiden. Die Stiele fein hacken, Mangoldblätter portionsweise in einem großen Topf in kochendem Salzwasser 2 Minuten blanchieren. Herausnehmen, in Eiswasser abschrecken, abtropfen lassen und auf Küchentüchern ausbreiten.

Zwiebel und Knoblauch schälen, fein hacken. Champignons putzen und achteln. 6 EL Olivenöl in einer weiten Pfanne erhitzen, gehackte Mangoldstiele mit Zwiebel, Knoblauch und Champignons darin unter Rühren anbraten, mit Salz, Pfeffer und Kräutern der Provence kräftig würzen. Gemüsemischung in eine große Schüssel geben, Eier und Paniermehl unterrühren, sodass eine halbfeste Füllmasse für die Mangoldblätter entsteht.

Je 1–2 EL der Füllung mittig auf ein Mangoldblatt geben, die Seiten des Blattes über die Füllung klappen und die Päckchen mit der Naht nach unten nebeneinander in eine gefettete Auflaufform setzen. Mit frisch geriebenem Muskat bestäuben und mit zerbröseltem Feta bestreuen.

Kartoffeln waschen, trocknen, halbieren oder vierteln und auf einem Backblech mit restlichem Olivenöl, Salz, Pfeffer und Rosmarin vermengen.

Kartoffeln und Mangoldpäckchen gleichzeitig im vorgeheizten Backofen bei 200 °C Umluft ca. 20–30 Minuten backen, bis die Kartoffeln gar und der Käse etwas geschmolzen und goldbraun ist.

*Hauptgänge, Vegetarisch*

# Parmesanknödel auf Tomatensauce
## (für 4 Personen)

Von Dorothee Schanné,
Rosen-Apotheke, Spiesen-Elversberg

Sauce:
1,5 kg reife Fleischtomaten
2 rote Chilischoten
100 ml Olivenöl
Salz
Zucker
Knödel:
125 g Butter
125 g Mehl
4 Eier
1 Bund Basilikum
125 g frisch geriebener Parmesan

Außerdem: etwas Parmesan zum
Hobeln

Für die Sauce Tomaten am Stielansatz kreuzweise einritzen, in kochendem Wasser überbrühen, kalt abschrecken, häuten und würfeln. Chilischoten putzen, längs halbieren, entkernen und fein hacken. Öl in einem Topf erhitzen, Tomatenstücke und Chili darin andünsten, bei milder Hitze ca. 50 Minuten offen köcheln lassen, dabei gelegentlich umrühren. Mit Salz und Zucker abschmecken.

Für die Knödel 250 ml Wasser mit Butter und je einer Prise Salz und Zucker aufkochen. Mehl zügig mit einem Holzlöffel einrühren, bis ein fester Kloß entstanden ist und sich am Topfboden eine weiße Schicht absetzt.

Den Teig in eine Rührschüssel geben, kurz abkühlen lassen und einzeln die Eier unterrühren. Fertige Brandteigmasse vollständig auskühlen lassen.

Basilikum waschen, trocken tupfen, Blättchen von den Stielen zupfen und in feine Streifen schneiden. Zusammen mit dem Käse unter den Brandteig heben.

In einer tiefen Pfanne mit Deckel oder in einem flachen, weiten Topf reichlich Salzwasser zum Sieden bringen. Mit zwei in kaltes Wasser getauchten Esslöffeln Klöße aus der Käsemasse abstechen und in das siedende Wasser legen. Zugedeckt 12–15 Minuten gar ziehen lassen, bis sie an der Oberfläche schwimmen.

Fertige Klöße mit einer Schaumkelle aus dem Wasser heben und etwas abtropfen lassen. Knödel auf der Tomatensauce anrichten, mit Parmesanhobeln bestreuen und servieren.

Tipp: eignet sich auch als Vorspeise für 6 Personen!

■ *Christian Rachs Tipp:*
*Der Knödelteig lässt sich auch wunderbar zu im Ofen gebackenen Windbeuteln verarbeiten. Diese passen dann hervorragend zum Aperitif.*

*Hauptgänge, Vegetarisch*

# Rotes Topinamburgemüse mit kerniger Kräuterkruste
## (für 4 Personen)

**Von Charlotte Range,**
**Marbach Apotheke, Frankfurt am Main**

500 g Topinambur
500 g Rote Bete
½ Bund Schnittlauch
Je 4 Stiele Petersilie und Oregano
200 ml Sahne
1 Ei
Salz, Pfeffer
100 g Grünkernschrot (ersatzweise Bulgur)
100 g Haselnüsse, gehackt (ersatzweise Mandeln)
1 EL weiche Butter (für die Form)

Topinambur und Rote Bete waschen und getrennt in Salzwasser ca. 15 Minuten garen.

Kräuter waschen und trocken tupfen. Schnittlauch in feine Röllchen schneiden, Petersilien- und Oreganoblättchen von den Stielen zupfen und fein hacken.

Sahne mit Ei verquirlen, gehackte Kräuter zugeben, mit Salz und Pfeffer würzen.

Grünkernschrot und Haselnüsse in einer Pfanne unter Rühren anrösten, mit 200 ml Wasser ablöschen, salzen und pfeffern.

Eine Auflaufform mit Butter einfetten. Rote Bete und Topinambur abgießen, kalt abschrecken, pellen und in 1 cm dicke Scheiben schneiden. Abwechselnd in die Form legen und mit der Sahnemischung übergießen. Grünkern-Nuss-Masse darüber verteilen und im vorgeheizten Ofen bei 180 °C Ober-/Unterhitze (Umluft 160 °C) auf mittlerer Schiene in 20 Minuten knusprig braun überbacken.

S. 124

S. 10?

## Wie viel Fisch soll auf den Tisch?

Fisch ist sehr nährstoffreich und meist auch noch kalorienarm – sofern er nicht in einer dicken Panade frittiert zur Kalorienbombe mutiert. Für regelmäßige Fischmahlzeiten sprechen: bis zu 20 Prozent leicht verdauliches und hochwertiges Eiweiß, die Vitamine A (für die Augen), E (Zellschutz), B12 (für die Blutbildung) und vor allem Vitamin D (für Knochen, Muskeln, Immunsystem). An Mineralstoffen sind Kalium (fürs Herz), Eisen (fürs Blut), Selen (Zellschutz) und bei Seefischen Jod (für die Schilddrüse) zu nennen.

Beim Fettgehalt unterscheidet man drei Gruppen von Fischen. Magere Sorten wie Kabeljau, Scholle, Hecht und Flunder enthalten weniger als ein Prozent Fett. Fische mit mittlerem Fettgehalt liefern zwischen einem und zehn Prozent Fett, beispielsweise Rotbarsch, Thunfisch, Karpfen, Lachs und Regenbogenforelle. Bei mehr als zehn Prozent Fett spricht man von fetten Fischen wie Hering, Makrele, Heilbutt und Aal.

Das Fett vor allem jener Fische, die aus kalten Gewässern stammen, ist besonders wertvoll, denn es enthält reichlich Omega-3-Fettsäuren. Diese Fette gehören zu den wichtigsten Bausteinen in unserem Gehirn, sie wirken entzündungs- und blutgerinnungshemmend sowie blutverdünnend. So schützen sie Herz und Gefäße, und können helfen, Krankheiten wie Krebs und Rheuma vorzubeugen. Aus all diesen Gründen wird empfohlen, ein- bis zweimal pro Woche Fisch oder Meeresfrüchte zu essen.

Würde sich die gesamte Weltbevölkerung an diese Empfehlung halten, käme dies einer ökologischen Katastrophe gleich, weil schon heute viele Bestände überfischt sind. Nicht zuletzt deshalb hat man in den vergangenen Jahrzehnten die Aquakultur verstärkt. Mittlerweile werden weltweit mehr als 200 Fischarten, Schalen- und Weichtiere sowie Muscheln in „Farmen" gezüchtet. Doch auch das ist nicht immer eine gute Lösung, denn die Aquakultur kann die Umwelt stark belasten.

Was also tun? Es gibt derzeit kein Patentrezept, aber doch eine Reihe von Alternativen: Da wäre einmal die Möglichkeit, nach Fischen Ausschau zu halten, die das blaue MSC–Logo tragen, das für eine Fischerei steht, die die Bestände nicht weiter gefährdet. Bio-Fische bieten eine weitere Möglichkeit für nachhaltigeren Fischkonsum.

Und warum sollte es zur Abwechslung nicht mal ein Bodensee-Felchen oder einen Hecht aus der Region geben? Der Fischreichtum heimischer Seen, Teiche, Flüsse und Bäche wird oft unterschätzt. Dabei können die Süßwasserfische ihren Artgenossen aus dem Meer, was Vielfalt, Qualität, Nährwert und Geschmack angeht, durchaus das Wasser reichen.

S. 120

S. 112

## Hauptgänge
*Fisch*

102 Garnelen mit Blumenkohl im Safransud
104 Fischcurry
106 Fischpäckchen
108 Rotbarschfilet auf Gewürzsalz
110 Gebackenes Zitronen-Fischfilet

112 Tintenfisch gefüllt
114 Gegrillter Fisch mit Mais-Salsa
116 Fisch im Aluminiumpäckchen gebacken
118 Gemüsepizza mit Lachs
120 Gratinierter Kabeljau

122 Thunfischspieß
124 Medaillons von der Lotte (Seeteufel) unter Haselnusskruste
126 Spargelquiche mit Lachs
128 Risotto mit Garnelen und grünem Spargel
130 Austernfrikadellen

132 Thunfisch-Steaks
134 Zanderfilet mit Kakaokruste auf Orangenrisotto

101

*Hauptgänge, Fisch*

# Garnelen mit Blumenkohl im Safransud
## (für 4 Personen)

**Von Gabriele Kretzschmar,**
**Grafenberger Apotheke, Düsseldorf**

1 kleiner Blumenkohl
Evtl. 3 EL Essig
½ TL Koriandersaat
2 Schalotten
1 Knoblauchzehe
9 EL Olivenöl
1 EL Tomatenmark
1 Msp. Safranfäden
300 ml trockener Weißwein
2–3 Lorbeerblätter
1 EL Zucker
2 Frühlingszwiebeln
3 Zweige Estragon
Estragonblättchen zum Garnieren
20 Garnelen, ohne Kopf und Schale
Salz
Pfeffer

Blumenkohl mit einem Messer zu Röschen schneiden und in reichlich kaltem Wasser waschen. Sollte der Blumenkohl verlaust sein, dem Wasser etwas Essig zufügen. Koriandersaat in einem Mörser leicht anstoßen. Schalotten und Knoblauch schälen und in feine Würfel schneiden. 1 EL Öl in einer Pfanne erhitzen, Schalotten und Knoblauchwürfel darin glasig anschwitzen, Tomatenmark und Safran einrühren, leicht anschwitzen und alles mit Weißwein ablöschen.

Röschen, Koriandersaat, Lorbeerblätter und Zucker dazugeben, aufkochen und alles ca. 8 Min. bei kleiner Hitze köcheln lassen, bis der Blumenkohl bissfest ist. Kohl ohne Sud in eine Schüssel geben, 7 EL Olivenöl mit einem Schneebesen unter den Sud rühren, Sud wieder über die Blumenkohlröschen gießen und zugedeckt im Kühlschrank über Nacht oder mindestens 6 Stunden ziehen lassen.

Kurz vor dem Servieren Frühlingszwiebeln waschen, putzen und in feine Ringe schneiden. Garnelen waschen, trocken tupfen und mit Salz und Pfeffer würzen. Restliches Öl in einer Pfanne erhitzen und die Garnelen darin von beiden Seiten jeweils etwa 1 Min. scharf anbraten, Frühlingszwiebelringe und Estragonblätter dazugeben und durchschwenken.

Blumenkohl und Sud auf 4 Teller verteilen, Garnelen daraufsetzen und mit restlichem Estragon garnieren.

■ *Ulrike Gonders Tipp:*
*Auch dieses Rezept eignet sich gut für eine kohlenhydratreduzierte Ernährung. Durch das Kochen des Kohls, die Kräuter und die Gewürze ist es zudem leicht bekömmlich. Knoblauch soll gegen Völlegefühl und Aufstoßen helfen.*

*Hauptgänge, Fisch*

# Fischcurry
## (für 4 Personen)

**Von Claudia Schulze,
Wilhelm-Apotheke, Potsdam**

1 rote Zwiebel
2 Möhren
1 säuerlicher Apfel (z. B. Elstar)
400 g Kabeljaufilet
2 EL Zitronensaft
1 TL Butter
1 TL neutrales ÖL
Salz, Pfeffer
Zucker
50 ml Apfelsaft

Zwiebel schälen und achteln. Möhren schälen, putzen und in dünne Stifte schneiden. Apfel waschen, vierteln, Kerngehäuse entfernen und in Spalten schneiden.

Kabeljaufilet kalt abspülen, trocken tupfen, in Würfel schneiden und mit Zitronensaft beträufeln.

Butter und Öl in einer weiten Pfanne erhitzen, Gemüse darin 5 Minuten andünsten. Apfelspalten und Fischwürfel zugeben, mit Salz, Pfeffer und einer Prise Zucker würzen. Apfelsaft angießen und kurz aufkochen lassen, zugedeckt bei milder Hitze 8–10 Minuten garen.

Dazu passt Reis.

*Hauptgänge, Fisch*

# Fischpäckchen
## (für 4 Personen)

**Von Petra Erdel,**
**Marien-Apotheke, Eppelborn**

1 dicke Lauchstange
4 EL Ajvar, mild
4 EL gemahlene Mandeln
400 g Lachsfilet (ohne Haut und Gräten)
400 g Zanderfilet (ohne Haut und Gräten)
50 ml Zitronensaft
Salz, Pfeffer
4 EL neutrales Öl

Lauchstange putzen, vorsichtig die Blätter voneinander lösen und gründlich waschen. 8 breite Blätter und 8 dünne Streifen aus Lauch 1 Minute in kochendem Salzwasser blanchieren, danach in Eiswasser abschrecken. Gut abtropfen lassen.

Ajvar und Mandeln in einer Schüssel verrühren. Fischfilets waschen, trocken tupfen und jeweils in 4 gleich große und gleich breite Stücke schneiden. Mit Zitronensaft beträufeln, salzen und pfeffern.

4 große, quadratische Stücke Alufolie mit Öl einfetten, je 2 dünne Streifen Lauch in 2–3 cm Abstand zueinander darauflegen, ein breites Lauchblatt darauflegen und ein zweites quer darüber. Je ein Stück Lachs in die Mitte setzen und mit 2 EL Ajvarpaste bestreichen. Darauf jeweils ein Stück Zander setzen, die Lauchblätter darüberschlagen und mit den zwei dünnen Lauchstreifen zubinden. Die Alufolie eng zusammenschlagen und dicht verschließen.

In einem großen, flachen Topf fingerbreit Wasser zum Kochen bringen, die Fischpäckchen hineinlegen und zugedeckt 15 Minuten bei mittlerer Hitze garen. Dann vom Herd ziehen und weitere 15 Minuten ruhen lassen.

Tipp: zusammen mit Pellkartoffeln und Sauce Hollandaise servieren.

■ *Ulrike Gonders Tipp:*
*Nach dem Essen langsam ein paar Mandeln zu kauen ist ein altes Hausmittel bei leichtem Sodbrennen. Besonders zart und lecker schmecken sie ohne die braune Haut, die sich durch kurzes Blanchieren mit kochendem Wasser leicht entfernen lässt.*

*Hauptgänge, Fisch*

# Rotbarschfilet auf Gewürzsalz
## (für 4 Personen)

**Kirsten-Yvonne Geske,**
**Stadt-Apotheke, Hattersheim**

300 g grobes Meersalz
3 EL gemischte Gewürze (z. B.
Wacholderbeeren, Koriander- und
Fenchelsaat, Pfefferkörner, grüne
Kardamomkapseln ...)
1 EL Mehl
1 EL Speisestärke
1 Eiweiß
4 Rotbarschfilets (à 180g)
3–4 EL Butter
½ Vanilleschote
2 Knoblauchzehen
3 Scheiben Ingwer
3 getrocknete Chilischoten
Salz

Backofen auf 220 °C vorheizen. Meersalz mit Gewürzen, Mehl und Stärke mischen. Eiweiß cremig aufschlagen und unterheben. Eine große, ofenfeste Form (mit passendem Deckel!) mit Backpapier auslegen, die Salzmasse darin ausbreiten, glatt streichen und auf mittlerer Schiene ca. 15 Minuten trocknen lassen. Dann den Ofen auf 100 °C herunterschalten.

Fischfilets waschen, trocken tupfen und auf das Salzbett legen. Im Ofen auf mittlerer Schiene zugedeckt ca. 10–15 Minuten gar ziehen lassen.

In der Zwischenzeit Butter in einer Pfanne zerlassen. Vanilleschote längs halbieren und das Mark mit der Messerspitze herausschaben. Knoblauch schälen und in feine Scheiben schneiden. Vanilleschotenhälften, Vanillemark, Knoblauch- und Ingwerscheiben sowie die getrockneten Chilis in die Butter geben und kurz ziehen lassen. Mit Salz würzen und zu den Rotbarschfilets servieren.

Dazu passt Basmatireis.

Tipp: Wer keine Form mit passendem Deckel hat, kann eine beliebige Auflaufform nehmen und mit Alufolie abdecken.

*Hauptgänge, Fisch*

# Gebackenes Zitronen-Fischfilet
## (für 4 Personen)

**Von Margit Bley,**
**Apotheke im Globus, Losheim am See**

2 Zwiebeln
4 EL Olivenöl
2 Zweige Rosmarin
2 Stiele Estragon
4 Scheiben Toastbrot
3 Bio-Zitronen
Fleur de sel, Pfeffer
800 g Kabeljaufilet (am Stück)
1 Knoblauchzehe

Zwiebeln schälen, fein würfeln und in einer Pfanne in 2 EL Olivenöl glasig dünsten.

Kräuter waschen, trocken tupfen, Nadeln von einem Rosmarinzweig und Blättchen von beiden Estragonzweigen abzupfen und fein hacken. Zu den Zwiebeln geben.

Toastbrot entrinden und mit den Händen zerbröseln. Eine Zitrone gründlich waschen, Schale abreiben, Frucht halbieren und eine Hälfte auspressen. Toastbrotbrösel, Zitronensaft und -schale zu der Kräutermischung geben, gut vermengen und vom Herd nehmen. Mit Salz und Pfeffer würzen

Kabeljaufilet kalt abspülen, trocken tupfen und in 4 gleich große Stücke schneiden. Restliche Zitronen waschen, trocknen und in Scheiben schneiden. Knoblauch schälen und fein hacken, übrigen Rosmarinzweig in kleine Zweige schneiden.

Den Boden einer Auflaufform mit Zitronenscheiben auslegen, den gehackten Knoblauch und die Rosmarinzweige darauf verteilen. Die Fischfilets darauflegen und mit der vorbereiteten Bröselkruste bedecken. Mit restlichem Olivenöl beträufeln und im vorgeheizten Backofen bei 225 °C Ober-/Unterhitze auf mittlerer Schiene ca. 20 Minuten goldbraun überbacken.

Dazu passen gegrillte Auberginenscheiben.

*Hauptgänge, Fisch*

# Tintenfisch gefüllt
## (für 4 Personen)

**Von Michael Burkard,
Don-Bosco-Apotheke, Forchheim**

1 kg Tintenfischtuben
1 Zwiebel
2 Knoblauchzehen
5 EL Olivenöl + 4 TL Olivenöl zum
Beträufeln
120 g altbackenes Weißbrot
200 ml trockener Weißwein
500 g Tomaten
1 Bund Petersilie
1 Ei
Salz, Pfeffer
1 Chilischote
1 Zweig Rosmarin
200 ml Fischfond
300 g Farfalle
Zimt
Zitronensaft

Tintenfischtuben gründlich auswaschen, in einem Sieb abtropfen lassen und trocken tupfen. Tentakel abschneiden und fein würfeln. Zwiebel und eine Knoblauchzehe schälen, fein würfeln und in 2 EL Olivenöl andünsten. Gewürfelte Tentakel zugeben und bei sanfter Hitze 15 Minuten garen, bis die austretende Flüssigkeit verdampft ist. Brot in Wein einweichen. Tomaten am Stielansatz kreuzweise einritzen, mit kochendem Wasser überbrühen, kalt abschrecken und häuten. Tomaten vierteln, entkernen und grob hacken. Beiseitestellen.

Petersilie waschen, trocken tupfen, Blättchen von den Stielen zupfen und fein hacken. Das eingeweichte Brot gut ausdrücken (Flüssigkeit auffangen) und in einer Schüssel mit dem gedünsteten Zwiebel-Tintenfisch-Mix, Petersilie und Ei verkneten. Mit Salz und Pfeffer kräftig würzen. Die vorbereiteten Tintenfischtuben damit füllen und die Öffnung mit einem Zahnstocher verschließen.

Chilischote waschen, putzen, längs halbieren. Übrige Knoblauchzehe mit dem Messerrücken grob anquetschen.

Restliches Olivenöl in einer großen Pfanne erhitzen, Chili, Knoblauch, Rosmarin und die gefüllten Tintenfischtuben darin goldbraun anbraten. Tomaten zufügen und kurz schmoren lassen. Dann mit Weinsud und Fischfond ablöschen, zugedeckt 45 Minuten köcheln lassen. Zwischendurch gelegentlich die Tintenfischtuben wenden, damit sie gleichmäßig garen.

15 Minuten vor Ende der Garzeit Farfalle in reichlich Salzwasser al dente kochen, in ein Sieb abgießen.

Die gegarten Tintenfischtuben aus der Sauce heben und warm stellen. Sauce mit Salz, Pfeffer, etwas Zimt und Zitrone abschmecken, mit den Nudeln mischen. Zusammen mit den Tintenfischtuben auf Tellern anrichten, mit Olivenöl beträufeln und sofort servieren.

*Hauptgänge, Fisch*

# Gegrillter Fisch mit Mais-Salsa
## (für 4 Personen)

**Von Simone Tuschen,**
**Hof-Apotheke, Donaueschingen**

1 Maiskolben
200 g grüne Bohnen
Meersalz
Pfeffer
4 Frühlingszwiebeln
3 Stiele Minze
1 kleine Chilischote
2 EL Limettensaft
4 Stiele Koriander
1 Limette
7 EL Olivenöl
1 TL Paprikapulver
1 TL gemahlener Kreuzkümmel
4 Fischfilets, fest und weißfleischig

In einem breiten Topf leicht gesalzenes Wasser zum Kochen bringen, Maiskolben einlegen und bei niedriger Temperatur 10 Min. gar ziehen lassen. Mais aus dem Topf heben, kurz abkühlen lassen und die Maiskörnchen mit einem scharfen Messer vom Kolben herunterschneiden.

Grüne Bohnen waschen und putzen, die Enden mit einem Messer abschneiden. Reichlich Salzwasser zum Kochen bringen und die Bohnen darin 6–8 Min. blanchieren, auf ein Sieb abgießen und mit kaltem Wasser abschrecken.

Bohnen abtropfen lassen und in ca. 1 cm lange Stücke schneiden. Frühlingszwiebeln waschen, putzen und in feine Ringe schneiden. Minze waschen und trocken schleudern, Blättchen abzupfen und grob hacken. Chilischote waschen, Stiel und Kerne entfernen und in feine Ringe schneiden. Koriander waschen und trocken schleudern, Blättchen abzupfen. Limette heiß abwaschen und vierteln.

4 EL Olivenöl mit Paprikapulver und Kreuzkümmel verrühren. Fischfilets waschen und trocken tupfen, auf einen flachen Teller geben und mit der vorbereiteten Marinade übergießen.

Eine Grillpfanne oder einen Grill vorheizen, Fischfilets aus der Marinade heben und von jeder Seite 2–3 Min. grillen. Die Filets sollten innen leicht glasig sein. Restliches Olivenöl in einer Pfanne erhitzen, Mais und vorgegarte Bohnen darin bei mittlerer Hitze 1 Min. anbraten, salzen und pfeffern. Frühlingszwiebeln, Minze und Chilischote in einer Schüssel mit dem Limettensaft verrühren, die Bohnen-Mais-Mischung dazugeben und alles mischen.

Gegrillte Filets mit dieser Salsa auf Tellern verteilen, mit Korianderblättchen garnieren, dazu Limettenviertel servieren.

*Hauptgänge, Fisch*

# Fisch im Aluminiumpäckchen gebacken
## (für 4 Personen)

**Von Kerstin Walther-Scheumann,
Sonnen-Apotheke oHG, Mainz**

4 Fischfilets (Zander oder Rotbarsch)
4 EL Olivenöl
Salz, Pfeffer
4 Zweige Rosmarin
8 Cocktailtomaten
2 mittlere Zucchini
8 kleine, neue Kartoffeln
4 Schalotten
16 schwarze Oliven

4 große, quadratische Stücke Alufolie auf der Arbeitsfläche ausbreiten und je mit 1 EL Olivenöl bestreichen. Fischfilets waschen, trocken tupfen und jeweils ein Filet mittig auf ein Stück Folie legen. Mit Salz und Pfeffer würzen und jeweils einen Rosmarinzweig auf jedes Filet legen.

Tomaten waschen, trocknen, halbieren und je 4 Hälften zu den Filets geben. Zucchini waschen, putzen, in kleine Stücke schneiden. Kartoffeln und Schalotten schälen, würfeln, mit Zucchinistücken und Oliven mischen, salzen, pfeffern und das Gemüse gleichmäßig um die Fischfilets aufteilen. Alufolie über den Fischen und Gemüse zusammenschlagen und fest verschließen.

Backofen auf 180 °C Ober-/Unterhitze vorheizen, die Fischpäckchen auf mittlerer Schiene 20 Minuten garen oder alternativ auf den Grill legen!

*Hauptgänge, Fisch*

# Gemüsepizza mit Lachs
## (für 4 Personen)

Von Gabriele Koczorowski,
Charlotten Apotheke, Esslingen

Teig:
250 g Mehl
½ TL Salz
10 g Hefe
375 ml Milch, lauwarm
50 g Butter
Belag:
200 g geräucherter Lachs (am Stück)
500 g Brokkoli
300 ml Gemüsebrühe
4 Eier
600 g Sauerrahm
Salz, Pfeffer

Mehl mit Salz in einer großen Schüssel mischen, in die Mitte eine Mulde machen, Hefe hineinbröckeln und mit der warmen Milch verrühren. Butter zugeben und rasch zu einem glatten Teig kneten. Zugedeckt an einem warmen Ort gehen lassen, bis sich sein Volumen deutlich vergrößert hat.

In der Zwischenzeit den Lachs in Streifen schneiden. Brokkoli waschen, putzen und in Röschen teilen. Gemüsebrühe aufkochen und die Brokkoliröschen darin bissfest vorgaren. Abgießen, in Eiswasser abschrecken und in einem Sieb abtropfen lassen.

Den Hefeteig erneut durchkneten, in vier etwa gleichgroße Portionen teilen, diese auf bemehlter Arbeitsfläche kreisrund ausrollen und runde, flache Backformen damit auslegen. Lachsstreifen und Brokkoliröschen auf dem Boden verteilen.

Eier und Sauerrahm verquirlen, mit Salz und Pfeffer kräftig würzen und den Guss über der Pizza verteilen. Im vorgeheizten Ofen bei 200 °C Ober-/Unterhitze 30–40 Minuten backen.

Tipp: Für eine vegetarische Variante statt Lachs 400 g Karotten und 3 Stangen Lauch schälen, putzen, in kleine Stücke schneiden und zusammen mit dem Brokkoli in Gemüsebrühe garen. Dann weiter verfahren wie oben beschrieben.

Dazu passen ein Quarkdip und Salat.

*Hauptgänge, Fisch*

# Gratinierter Kabeljau
## (für 4 Personen)

**Von Kristin Wagner,**
**Apotheke im Globus, Losheim am See**

Je einige Stiele Petersilie, Kerbel,
Dill und Thymian
50 g Butter
100 g Semmelbrösel
100 g geriebener Parmesan
4 EL Olivenöl
1 EL weiche Butter (für die Form)
700 g Kabeljaufilets
Salz, Pfeffer
200 ml Weißwein

Kräuter waschen, trocken tupfen, Blättchen von den Stielen zupfen und fein hacken.

Butter in einem kleinen Topf schmelzen, in einer Schüssel mit Semmelbröseln, Parmesan, Olivenöl und Kräutern mischen.

Kabeljaufilets waschen, trocken tupfen und in eine gefettete, ofenfeste Form geben. Leicht salzen und pfeffern, mit Weißwein begießen und die Semmelbröselmischung darüber verteilen.

Im vorgeheizten Ofen bei 210 °C Ober-/Unterhitze auf 2. Schiene von unten 20 Minuten backen, bis die Filets gar sind und die Kruste goldbraun und knusprig ist.

Vor dem Servieren nach Belieben mit etwas Olivenöl beträufeln.

*Christian Rachs Tipp:*
*Dazu passt ein Salat aus Cocktailtomaten und Frühlingszwiebeln.*

*Hauptgänge, Fisch*

# Thunfischspieß
## (für 4 Personen)

**Von Sandra Haas,**
**Hof-Apotheke, Bad Mergentheim**

200 g Naturreis
500 ml Gemüsebrühe
500 g Thunfischfilet
500 g Ananas
1 Zucchini
2 rote Paprika
200 g kleine Champignons
1–2 Zitronen
2 Knoblauchzehen
2 Zweige Estragon
2 EL flüssiger Honig
Salz, Pfeffer
4 EL Rapsöl

Reis in der Gemüsebrühe nach Packungsanleitung ca. 30 Minuten garen.

Fisch kalt abspülen, trocken tupfen und in große Würfel schneiden. Ananas schälen, Strunk entfernen und ebenfalls würfeln. Zucchini und Paprika waschen, putzen und in Stücke schneiden, Pilze putzen und halbieren. Alle Zutaten abwechselnd auf lange Holzspieße stecken, übriges Gemüse beiseitelegen.

Zitrone halbieren und Saft auspressen. Knoblauch schälen und fein hacken, Estragon waschen, trocken tupfen, Blättchen von den Stielen zupfen und hacken. Alle Zutaten mit Honig, Salz und Pfeffer zu einer Marinade verrühren und die Spieße damit bestreichen. 5 Minuten ziehen lassen, restliche Marinade über restliches Gemüse geben.

Öl in einer weiten Pfanne erhitzen, die Spieße darin von jeder Seite 2 Minuten anbraten, restliche Gemüsewürfel in die Pfanne geben und kurz mitbraten. Zusammen mit dem Reis servieren.

*Hauptgänge, Fisch*

# Medaillons von der Lotte (Seeteufel) unter Haselnusskruste
## (für 4 Personen)

**Von Ruth Stadthaus,**
**Löwen Apotheke, Luckenwalde**

750 g Seeteufelfilet
4 EL neutrales Öl
80 g Haselnüsse
60 g Vollkornbrot
20 ml Haselnussöl
1 Ei
Salz, Pfeffer

Fischfilet waschen, trocken tupfen und in 8 Medaillons schneiden. Öl in einer Pfanne erhitzen und die Medaillons vorsichtig auf beiden Seiten ohne starke Bräunung anbraten. In eine Auflaufform legen und beiseitestellen.

Für die Kruste Haselnüsse und Vollkornbrot im Mixer zerkleinern, mit Haselnussöl und Ei vermengen, salzen und pfeffern.

Die Bröselmasse über die Fischmedaillons verteilen und etwas andrücken. Dann im vorgeheizten Ofen bei 170°C Oberhitze auf mittlerer Schiene ca. 10 Minuten knusprig backen.

Dazu passt: in Butter geschwenktes Wurzelgemüse (Sellerie, Karotten, Lauch) oder ein aromatisches Risotto mit Fischfond, Zitronengras und Limetten).

*Hauptgänge, Fisch*

# Spargelquiche mit Lachs
## (für 4 Personen)

**Von Margarethe Ludwig,
Markt-Apotheke, Lüdinghausen**

Teig:
75 g Butter + 1 TL weiche Butter (für die Form)
150 g Weizenvollkornmehl
1 Eigelb
¼ TL Salz
1 Msp. frisch geriebene Muskatnuss

Füllung:
500 g Spargel
1 TL Zucker
1 TL Butter
125 g Lachsfilet
3 Eier
100 ml Sahne
1 EL Mehl
Salz, Pfeffer
100 g Parmesan, gerieben
½ Bund Basilikum

Butter, Mehl, Eigelb, Salz und Muskat rasch zu einem glatten Teig verarbeiten und für 30 Minuten kalt stellen.

Eine Pie-Form mit weicher Butter einfetten, den Teig auf bemehlter Arbeitsfläche kreisrund ausrollen und die Form damit auskleiden. Im vorgeheizten Ofen bei 200 °C Ober-/Unterhitze 5–10 Minuten vorbacken.

Spargelstangen schälen, in 2–3 cm lange Stücke schneiden und in siedendem Salzwasser mit Butter und Zucker bissfest garen. In ein Sieb abgießen, abschrecken und abtropfen lassen.

Lachsfilet kalt abspülen, trocken tupfen und würfeln.

Eier mit Sahne, Mehl, Salz, Pfeffer und Parmesan verquirlen. Basilikum waschen, trocken tupfen, Blättchen von den Stielen zupfen, in Streifen schneiden und untermengen. Spargelstücke und Lachswürfel auf dem vorgebackenen Boden verteilen und mit der Ei-Käse-Masse übergießen. Weitere 20–30 Minuten bei 200 °C backen, bis die Füllung gestockt und goldgelb gebräunt ist.

*Hauptgänge, Fisch*

# Risotto mit Garnelen und grünem Spargel
## (für 4 Personen)

**Von Carmen Michalski,**
**Adler-Apotheke, Kappeln**

1 Schalotte
1 Knoblauchzehe
500 g grüner Spargel
12–16 Garnelen, küchenfertig
1 EL Weißwein
300 g Risottoreis
250 ml Weißwein
500 ml Gemüsebrühe
Salz, Pfeffer
3 Limetten
100 g geriebener Pecorino
4 EL Olivenöl

Schalotte und Knoblauch schälen, fein würfeln. Spargel waschen, trocknen, unteres Drittel der Stangen schälen und das holzige Ende abschneiden. Spargel in ca. 3 cm große Stücke schneiden.

Garnelen waschen, trocken tupfen und jeweils drei bis vier Stück auf einen Holzspieß stecken.

Butter in einem Topf zerlassen, gewürfelte Schalotte, Knoblauch und Reis darin unter Rühren glasig andünsten, mit Weißwein ablöschen und aufkochen lassen. Gemüsebrühe in einem weiteren Topf erwärmen, nach und nach kellenweise unter das köchelnde Risotto rühren. Flüssigkeit zwischendurch immer wieder vollständig verkochen lassen bzw. warten, bis der Reis die Flüssigkeit aufgenommen hat, erst dann die nächste Kelle Brühe zugeben und unterrühren.

Nach 20 Minuten die Spargelstücke zufügen und mitgaren. Zwei Limetten auspressen und den Saft zum Risotto geben. Mit Salz und Pfeffer würzen, Pecorino unterziehen und den Topf vom Herd nehmen. Kurz ruhen lassen.

In der Zwischenzeit die Garnelenspieße in Olivenöl von beiden Seiten anbraten. Mit Salz und Pfeffer würzen. Übrige Limette in Spalten schneiden.

Risotto auf Tellern anrichten, mit Garnelenspieß und Limettenspalten garniert servieren.

■ *Christian Rachs Tipp:*
*Risotto sollte immer direkt vor dem Servieren zubereitet werden, bitte nicht im Voraus kochen und dann aufwärmen. Der Reis würde dann nur klebrig und matschig werden und das Gericht würde seinen Charme verlieren.*

*Hauptgänge, Fisch*

# Austernfrikadellen
## (für 4 Personen)

**Von Jens Credo,
Nordsee-Apotheke, Sylt/Westerland**

30 große Austern
40 Herz- oder Miesmuscheln
1 Kartoffel
1 kleine Zwiebel
100 g Nordseekrabben
3 Eier
Paniermehl
Salz, Pfeffer
Öl zum Braten

Austern und Muscheln in kaltes Wasser legen, leicht geöffnete Tiere entfernen. Abgießen, abtropfen lassen und in einen großen Topf mit kochendem Salzwasser geben. So lange kochen, bis sie sich öffnen, dann abgießen und abkühlen lassen. Verschlossene Muscheln entfernen, aus den geöffneten das Muschelfleisch herauslösen.

Kartoffel und Zwiebel schälen, grob würfeln. Muschelfleisch, Kartoffel, Zwiebel und Krabben durch den Fleischwolf drehen. Die Masse salzen, pfeffern und mit Eigelb vermengen. So viel Paniermehl unterkneten, bis eine lockere, gebundene Frikadellenmasse entstanden ist. Mit einem Esslöffel portionsweise Masse abstechen und mit den Händen zu runden, flachen Frikadellen formen.

Im heißen Öl in einer weiten Pfanne von beiden Seiten 2–3 Minuten knusprig und braun braten.

Zusammen mit Salat und Remouladensauce servieren.

*Hauptgänge, Fisch*

# Thunfisch-Steaks
## (für 4 Personen)

**Von Ulrike Stäudel,
Alte Apotheke, Mainz**

4 Thunfisch-Steaks
2 EL Sojasauce
1 EL Sherry
3 EL Zitronensaft
1 Gemüsezwiebel
1 Knoblauchzehe
Je 1 rote und gelbe Paprika
250 g Zucchini
2 Fleischtomaten
4 EL Olivenöl
Kräutersalz, Pfeffer
1 EL Aceto balsamico
½ Bund Basilikum
4 Thymianzweige

Thunfisch-Steaks kalt abwaschen, trocken tupfen und in eine flache Schale legen. Sojasauce mit Sherry und 2 EL Zitronensaft verrühren, über den Fisch geben und abgedeckt mind. 1 Stunde kalt stellen.

Gemüsezwiebel schälen, halbieren und in 1 cm breite Streifen schneiden.

Knoblauch schälen, fein hacken. Paprika und Zucchini waschen, putzen und in mundgerechte Stücke bzw. Scheiben schneiden.

Tomaten am Stielansatz kreuzweise einritzen, kurz mit kochendem Wasser überbrühen, kalt abschrecken, häuten und vierteln.

2 EL Öl in einem Topf erhitzen, Zwiebel und Knoblauch glasig andünsten, Paprika und Zucchini zugeben, bissfest braten. Zum Schluss Tomatenstücke zufügen und mit Salz, Pfeffer, Zitronensaft und Essig abschmecken. Kurz köcheln lassen.

Basilikum und Thymian waschen, trocken tupfen, Blättchen von den Stielen zupfen und grob hacken. Unter das Gemüse heben und ziehen lassen.

Thunfisch-Steaks aus der Marinade nehmen und kurz abtropfen lassen. Restliches Öl in einer Pfanne erhitzen, Thunfisch darin von beiden Seiten kurz und scharf anbraten, mit Pfeffer würzen.

Zusammen mit dem Gemüse und nach Belieben Reis oder Baguette servieren.

*Hauptgänge, Fisch*

# Zanderfilet mit Kakaokruste auf Orangenrisotto
## (für 4 Personen)

**Von Heike Wendel,**
**Antoinetten-Apotheke, Dessau**

30 g geröstete Kakaobohnen
50 g Pinienkerne
2 Scheiben Toastbrot
½ TL Piment
Salz
Pfeffer
20 g weiche Butter
4 Scheiben Parmaschinken
1 Eigelb
400 g Zanderfilets ohne Haut
Saft einer halben Limette
4 EL Mehl
Öl zum Fetten der Auflaufform
4 Frühlingszwiebeln
1 Knoblauchzehe
1 Bio-Orange
1 EL Butter
350 g Risottoreis
5 g Ingwer, frisch gerieben
1 Prise Curry
200 ml trockener Weißwein
0,8–1 l Gemüsebrühe
20 g Parmesan, gerieben
1 EL gehackte Pinienkerne
zum Garnieren

Für die Kruste Kakaobohnen, Pinienkerne und Toastbrotscheiben in Würfeln in einem Mixer fein zermahlen. Ersatzweise Kakaobohnen und Pinienkerne sehr fein hacken, Toastbrot auf einer Reibe fein reiben. Kakaobohnen, Pinienkerne und Toastbrot mit Piment, Salz und Pfeffer mischen. Schinken fein würfeln, Butter mit einem Schneebesen cremig rühren. Butter, Schinkenwürfel und Eigelb mit der Kakaomischung verrühren, zwischen Frischhaltefolie 3 mm dünn ausrollen und eine halbe Stunde ins Gefrierfach geben. Inzwischen Zanderfilets kalt abspülen, trocken tupfen und in vier gleich schwere Portionen teilen. Zander mit Salz und Pfeffer würzen und mit Limettensaft beträufeln. Mehl auf einem flachen Teller verteilen, Fischfilets darin wenden und in eine geölte Auflaufform legen. Den Backofen auf 220 °C vorheizen.

Für das Risotto Frühlingszwiebeln putzen und waschen, Knoblauchzehe abziehen, beides fein schneiden. Orange heiß abspülen. Orangenschale mit einem Zestenreißer abziehen, anschließend die Orange filetieren und halbieren. Den Orangensaft auffangen und beiseitestellen. Kakaokruste aus dem Gefrierfach nehmen und auf Fischfiletgröße zuschneiden, jede Portion Zander damit belegen.

Butter in einem Topf erhitzen, Reis, Frühlingszwiebeln und Knoblauch glasig anschwitzen, Orangenzesten, Ingwer und Curry zufügen, mit Wein und Orangensaft ablöschen, aufkochen lassen und so viel kochendheiße Brühe zugießen, bis der Reis gerade bedeckt ist. Risotto bei kleiner Hitze 20–25 Min. köcheln lassen und unter häufigem Rühren immer wieder Brühe angießen. Nach 10 Min. Fischfilets in den Ofen schieben und auf der mittleren Schiene 10–12 Min. garen. Zum Schluss Butter und Parmesan unter das Risotto rühren und mit Salz und Pfeffer abschmecken. Orangenfilets zufügen. Risotto auf 4 Tellern verteilen, Fischfilets darauf anrichten und mit gehackten Pinienkernen garnieren.

S. 162

## Hauptgänge
*Fleisch*

138 Geschmorte Hähnchenkeulen
140 Spaghetti mit Lammfilet
142 China-Beef
144 Orientalischer Hack-Auflauf
146 Fleisch-Lasagne

148 Lende argentinische Art
150 Spitzkohl-Hack-Auflauf
152 Kalbsrückensteak mit Tomate-Mozzarella
154 Hähnchenbrust mit Traubensauce
156 Platthuhn

158 Hähnchencurry mit asiatischen Nudeln
160 Süßsaure Rippchen
162 Entenbrust mit Wacholderbeeren
164 Lammgulasch
166 Apfel-Gurken-Salat mit Lammfilet

168 Kalbsbraten
170 Tafelspitz mit Frankfurter Grüner Sauce
172 Schweinefilet im Kartoffelrösti-Mantel
174 Wildschweinrücken mit Meerrettichkruste
176 Italienische Lasagne

178 Wildentenbrust mit Linsen

S. 140

S. 138

## Keine Last mit der Fleisches-Lust

Nicht wenige Ernährungsexperten raten zur Zurückhaltung bei Fleisch. Doch selbst wenn die Fleischgegner es immer wieder beschwören: Es gibt bis heute keinen Beleg dafür, dass Fleischgenuss per se ein Gesundheitsrisiko darstellt. Weder das Cholesterin noch das tierische Eiweiß erwiesen sich als schädlich. Im Gegenteil: Immer mehr Studien zeigen, dass eine reichliche Eiweißversorgung günstig für die Cholesterin- und Fettwerte im Blut ist und beim Abnehmen hilft. Denn Eiweiß sättigt von allen Nährstoffen am besten und am längsten.

Fleisch liefert eine Reihe wichtiger Mineralien wie Eisen für die Blutbildung und die Sauerstoffversorgung des Körpers, Zink für schöne Haut und eine leichte Wundheilung sowie Selen fürs Immunsystem und die Schilddrüse. Das Besondere an Fleisch und anderen tierischen Lebensmitteln ist, dass die Mineralstoffe und Spurenelemente in einer für den Körper besonders gut verwertbaren Form vorliegen.

Auch für die Vitaminzufuhr ist Fleisch bedeutsam. Vitamin A für Augen und Schleimhäute sowie Vitamin B12 für die Blutbildung und eine geregelte Zellteilung kommen praktisch ausschließlich in tierischen Lebensmitteln vor. Fleisch enthält darüber hinaus Vitamin B1, B2 und B6, die wir unter anderem für die Energiegewinnung benötigen. Innereien liefern sogar Vitamin C und Folsäure, zwei Vitamine, die man sonst fast nur in Pflanzenkost findet.

Wer beim Geflügel die Haut mitverzehrt oder vom Schwein den Bauch bevorzugt, nimmt auch reichlich Fett auf. Ebenso, wer gerne Salami oder Streichwurst mag. Doch das reine Fleisch, wie Schnitzel oder Lende, ist ein sehr fett- und kalorienarmes Lebensmittel: Die mageren Stücke enthalten nur 1 bis 5 Prozent Fett und liefern nur 100 bis 120 Kilokalorien pro 100 Gramm – egal, ob Huhn, Schwein, Rind oder Pute.

Auch was die Fettqualität angeht, wird das Fleisch oft falsch eingeschätzt, sie ist viel besser als ihr Ruf. Beispielsweise enthält Fleisch, vor allem von Tieren aus Weidehaltung, auch Omega-3-Fette, jene gesundheitlich vorteilhaften Fettbausteine, die man gemeinhin nur in Fisch vermutet.

Keine Frage: Man kann sich mit und ohne Fleisch gesund ernähren. Mit Fleisch ist es einfacher, vor allem für Kinder. Weil Fleisch ein so guter Nährstofflieferant ist, benötigt man keine großen Mengen davon. Und weil Fleischessen heute mehr denn je auch mit Fragen des Tier-, Klima- und Umweltschutzes verbunden ist, darf man sich ruhig ein paar Gedanken zur Herkunft, Haltung und Fütterung der Tiere machen.

*Hauptgänge, Fleisch*

# Geschmorte Hähnchenkeulen
## (für 4 Personen)

**Von Bianka Hentzschel,
Chemnitztal-Apotheke, Taura**

4 Hähnchenkeulen
2 EL getrockneter Oregano
3 EL Paprikapulver
Salz
Pfeffer
6 Knoblauchzehen
100 g Trockenpflaumen
80 g grüne Oliven
50 g Kapern
3 Lorbeerblätter
5 EL Olivenöl
5 EL Rotweinessig
20 g brauner Zucker
125 ml Weißwein

Hähnchenkeulen kalt abspülen und trocken tupfen, mit Oregano, Paprikapulver, Salz und Pfeffer einreiben. Hähnchenkeulen in eine Auflaufform setzen. Knoblauchzehen, Trockenpflaumen, Oliven, Kapern, Lorbeer, Olivenöl und Rotweinessig zu den Hähnchenkeulen geben. Das Ganze über Nacht oder mindestens 6 Stunden kühl und abgedeckt ziehen lassen.

Braunen Zucker und Weißwein in einem kleinen Topf erwärmen, bis sich der Zucker vollständig gelöst hat. Weißweinmischung über die Hähnchenkeulen gießen. Backofen auf 180 °C vorheizen. Auflaufform in den Ofen schieben und die Keulen ca. 60 Min. schmoren. Sticht man mit einem Messer oder Spieß in die dickste Stelle der Hähnchenkeulen, muss der austretende Saft klar sein.

Hähnchenkeulen, Aromaten und Sud auf 4 Tellern verteilen und mit aufgebackenem Baguettebrot servieren.

*Hauptgänge, Fleisch*

# Spaghetti mit Lammfilet
## (für 4 Personen)

**Von Petra Herder,
Grünewald Apotheke, Solingen**

1 rote Paprika
½ Bund Minze
300 g Vollmilchjoghurt
1 TL Sambal Oelek
Salz
Pfeffer
Kreuzkümmel, gemahlen,
zum Abschmecken
300 g Spaghetti
1 EL Olivenöl
400 g Lammfilet

Paprika waschen, vierteln, entkernen und in kleine Würfel schneiden. Minze abspülen und trocken schleudern, Blätter abzupfen und in feine Streifen schneiden. Je 1 EL Paprikawürfel und Minze beiseite stellen. Restliche Paprikawürfel und Minze mit Joghurt verrühren, mit Sambal Oelek, Salz, Pfeffer und Kreuzkümmel abschmecken. Nudeln nach Packungsanweisung bissfest garen.

Währenddessen Lammfilet trocken tupfen, eventuell Sehnen mit einem scharfen Messer entfernen. Öl in einer Pfanne erhitzen, Filet mit Salz und Pfeffer würzen und von allen Seiten insgesamt ca. 4 Min. braten. Filet aus der Pfanne heben und in Alufolie warm halten.

Nudeln abgießen, mit der Joghurtsauce mischen und auf 4 Tellern verteilen. Filet in Scheiben schneiden, zusammen mit Paprikawürfeln und Minze auf den Nudeln verteilen.

*Hauptgänge, Fleisch*

# China-Beef
## (für 4 Personen)

**Von Esther Wensing,**
**Wittemoor Apotheke, Wardenburg Hundsmühlen**

100 g Glasnudeln
250 g Chinakohl
250 g Möhren
250 g Lauch
250 g Mungobohnensprossen
400 g Rumpsteak (am Stück)
4 EL Sesamöl
Salz, Pfeffer
200 – 400 ml Gemüsebrühe
4 – 6 EL Sojasauce
Sambal Oelek
1 Beet Shiso-Kresse,
ersatzweise Gartenkresse

Glasnudeln nach Packungsanweisung zubereiten. Gemüse waschen, trocknen, putzen und alles, bis auf die Sprossen, in feine Streifen schneiden. Fleisch in dünne Scheiben schneiden. Mit 2 EL Sesamöl in einer Pfanne kurz und scharf anbraten, mit Salz und Pfeffer würzen und aus der Pfanne nehmen. Restliches Öl in die Pfanne geben, Chinakohl-, Möhren- und Lauchstreifen zufügen und unter Rühren 3 Minuten braten. Mit Brühe ablöschen und aufkochen lassen. Fleisch und Glasnudeln darin erwärmen, mit Sojasauce und Sambal Oelek abschmecken. Sprossen kurz vorm Servieren unterheben, Shiso-Kresse vom Beet schneiden, das China-Beef auf Tellern anrichten und mit der Kresse bestreuen.

*Hauptgänge, Fleisch*

# Orientalischer Hack-Auflauf
## (für 4 Personen)

**Von Silvia Rödel,**
**Stadt-Apotheke, Hattersheim**

600 g braune Linsen
1,5 Stangen Lauch
700 g Karotten
200 g rote Zwiebeln
2 Knoblauchzehen
Salz
4 EL Olivenöl
500 g Lammhackfleisch
1 TL Kreuzkümmel, gemahlen
1 TL Paprikapulver, rosenscharf
2 EL Chilisauce
100 g getrocknete Datteln
oder Rosinen
Je ½ Bund Petersilie und Kerbel
150 g Schafkäse
3 Eier
150 g Crème fraîche
1,5 EL Sesam

Linsen unter kaltem Wasser abbrausen und in einem Topf mit sprudelnd kochendem Wasser weich kochen. Lauch putzen, waschen, in Ringe schneiden. Karotten schälen und in 2 cm dicke Scheiben schneiden. Zwiebeln und Knoblauch schälen, Zwiebeln vierteln und Knoblauch hacken.

Karottenscheiben 5 Minuten in kochendem Salzwasser bissfest vorgaren, nach 3 Minuten Lauch und Zwiebelstücke zugeben und mitgaren. Gemüse kalt abschrecken und abtropfen lassen.

Olivenöl in einem Topf erhitzen, Hackfleisch darin krümelig anbraten, mit Knoblauch, Kreuzkümmel, Paprika, Salz und Chilisauce würzen. Datteln entsteinen und klein schneiden. Linsen und Datteln mit dem Hackfleisch mischen und in eine tiefe, ofenfeste Form geben. Vorgegartes Gemüse daraufgeben.

Kräuter waschen, trocken tupfen, Blättchen abzupfen und hacken. Schafkäse zerbröckeln. Eier, Crème fraîche und etwas Salz verquirlen, mit Kräutern, Schafkäse und Sesam vermengen und die Masse über dem Gemüse verteilen. Im vorgeheizten Ofen bei 200 °C Ober-/Unterhitze (Umluft 180 °C) auf unterer Schiene 45 Minuten garen. Evtl. abdecken, wenn die Oberfläche zu stark bräunt.

Zusammen mit Fladenbrot und Naturjoghurt servieren.

*Hauptgänge, Fleisch*

# Fleisch-Lasagne
## (für 4 Personen)

**Von Beate Engelmann,
Delphin Apotheke, Wuppertal**

Pastateig:
300 g Mehl
(Type 00, ersatzweise Type 405)
3 Eier
Fleischsauce:
2 Möhren
1 Knollensellerie
2 Zwiebeln
2 Knoblauchzehen
1 Stange Lauch
6 Fleischtomaten
4 EL Olivenöl
500 g gemischtes Hack
1 EL Mehl
4 EL Tomatenmark
100 ml Rotwein
2 Lorbeerblätter
4 Zweige Thymian
1 TL getrockneter Oregano
Salz, Pfeffer
Bechamelsauce:
30 g Butter
30 g Mehl
500 ml Milch
Muskatnuss
1 EL weiche Butter (für die Form)
70 g Gouda

Für die Pasta Mehl und Eier rasch zu einem glatten, elastischen Teig kneten, in Frischhaltefolie wickeln und 30 Minuten ruhen lassen. Inzwischen für die Fleischsauce Möhren, Sellerie, Zwiebeln und Knoblauch schälen, putzen und fein würfeln. Lauch putzen, längs halbieren, gut waschen, trocken tupfen und in feine Streifen schneiden. Tomaten am Stielansatz kreuzweise einritzen, mit kochendem Wasser überbrühen, kalt abschrecken, häuten und würfeln. Beiseitestellen.

Öl in einem großen Topf erhitzen, Gemüse ca. 5 Minuten darin anbraten, dann das Hackfleisch zugeben und braten, bis es krümelig ist. Mit Mehl bestäuben, Tomatenmark zugeben, kurz anrösten, dann mit Wein und 100 ml Wasser ablöschen. Gewürze und Tomaten zufügen, zugedeckt bei mittlerer Hitze ca. 30 Minuten köcheln lassen.

Für die Bechamelsauce Butter in einem Topf zerlassen, Mehl ein-rühren und anrösten. Dann nach und nach mit der Milch ablö-schen, dabei ständig mit einem Schneebesen rühren, damit keine Klumpen entstehen und die Sauce nicht anbrennt. Mit Salz, Pfeffer und frisch gemahlenem Muskat abschmecken.

Eine große Auflaufform mit Butter einfetten. Den Pastateig auf bemehlter Arbeitsfläche oder mit Hilfe einer Nudelmaschine zu dünnen Teigplatten ausrollen und in Rechtecke schneiden. Abwechselnd Teigplatten, Fleischsauce und Bechamel in die Form einschichten, die oberste Schicht sollte mit etwas Fleischsauce und Bechamel bedeckt sein.

Käse reiben und auf die Bechamel streifen. Dann die Lasagne im vorgeheizten Ofen bei 180 °C Ober-/Unterhitze auf mittlerer Schiene 20–30 Minuten überbacken.

*Hauptgänge, Fleisch*

# Lende argentinische Art
## (für 4 Personen)

**Von Ingrid Mohn,
Martins-Apotheke, Dietzenbach**

750 g Rinder- oder Schweinefilet
2 EL schwarzer Pfeffer, grob gestoßen
50 g flüssige Butter
75 g durchwachsener Speck
2 Zwiebeln
2 Knoblauchzehen
Je 1 rote, gelbe und grüne Paprika
1–2 Peperoni
250 ml Gemüsebrühe
400 g stückige Tomaten (Dose)
125 ml Weißwein
1 Lorbeerblatt
Salz, Pfeffer
Edelsüßes Paprikapulver
1 Prise Zucker

Filet waschen und trocken tupfen, mit Butter bestreichen und mit dem Pfeffer einreiben. In eine feuerfeste Form legen und im vorgeheizten Ofen bei 220 °C Ober-/Unterhitze (Umluft 200 °C) auf mittlerer Schiene 10 Minuten braten, dann Temperatur auf 160 °C herunterschalten und weitere 10 Min. braten.

Speck würfeln, Zwiebeln und Knoblauch schälen, fein hacken. Paprikaschoten und Peperoni waschen, trocknen, putzen und würfeln.

Speck in einer Pfanne auslassen, Zwiebel-, Knoblauch-, Paprika- und Peperonistücke zugeben und andünsten. Mit Brühe ablöschen und aufkochen lassen. Tomaten, Weißwein und Lorbeerblatt einrühren, mit Salz, Pfeffer, Paprikapulver und Zucker abschmecken. Bei milder Hitze 10 Minuten köcheln lassen.

Das Filet aus dem Ofen nehmen, das Gemüse um das Fleisch herum in der Form verteilen, die Tomatensauce darübergeben und alles für weitere 10 Minuten in den Ofen stellen. Mit Reis und Kopfsalat servieren.

Hauptgänge, Fleisch

## Spitzkohl-Hack-Auflauf
(für 4 Personen)

Von Daniela Lutter,
Burg-Apotheke, Sundern

1 Brötchen vom Vortag
750 g kleine Kartoffeln
250 g Möhren
Salz
1 Spitzkohl (ca. 600 g)
400 g gemischtes Hack
1 Ei
Pfeffer
2 EL Öl
150 g Schlagsahne
150 g Doppelrahmfrischkäse
½ Bund Thymian
½ Bund Kerbel
Muskatnuss
Zwiebel

Brötchen grob zerpflücken und in etwas lauwarmem Wasser einweichen. Kartoffeln waschen und in reichlich kochendem Salzwasser 15–20 Minuten garen. Abgießen, kalt abschrecken, etwas ausdämpfen lassen und pellen.

Möhren schälen, waschen und klein würfeln. In kochendem Salzwasser 5 Minuten garen. Abgießen, kalt abschrecken, in einem Sieb abtropfen lassen.

Kohlkopf putzen, vierteln, Strunk entfernen und die Viertel ebenfalls in kochendem Salzwasser 5 Minuten garen. Gut abtropfen lassen, jedes Viertel nochmal längs halbieren.

Zwiebel schälen, fein würfeln, mit Hackfleisch, ausgedrücktem Brötchen und Ei vermengen. Mit Salz und Pfeffer würzen, kleine Bällchen aus der Masse formen und im heißen Öl in einer Pfanne rundherum ca. 5 Minuten anbraten. Alle vorbereiteten Zutaten in eine Auflaufform schichten.

Für die Sauce Sahne und Frischkäse in einem kleinen Topf verrühren und erhitzen. Kräuter waschen, trocken tupfen, Blättchen von den Stielen zupfen, einige zum Garnieren beiseitelegen, restliche Blättchen hacken. In die Sauce geben, mit Salz, Pfeffer und frisch geriebenem Muskat würzen, über dem Gemüse-Hack-Auflauf verteilen und im vorgeheizten Ofen bei 200 °C Ober-/Unterhitze (Umluft 175 °C) auf mittlerer Schiene 15–20 Minuten überbacken. Mit restlichen Kräutern bestreut servieren.

*Hauptgänge, Fleisch*

# Kalbsrückensteak mit Tomate-Mozzarella
## (für 4 Personen)

**Von Agathe Baier,**
**Apotheke in der Hainstraße, Bamberg**

4 große Tomaten
150 g Mozzarella
4 Kalbsrückensteaks (à ca. 150 g)
Salz, Pfeffer
5 EL Olivenöl
5–6 Basilikumblätter

Tomaten am Stielansatz kreuzweise einritzen, in kochendem Salzwasser überbrühen, kalt abschrecken, häuten, würfeln und beiseitestellen. Mozzarella abtropfen lassen und in Scheiben schneiden.

Die Steaks abspülen, gut trocken tupfen, mit Salz und Pfeffer würzen. 3 EL Olivenöl in einer Pfanne erhitzen und das Fleisch darin auf jeder Seite 2 Minuten anbraten, dann aus der Pfanne nehmen und auf eine feuerfeste Platte legen. Im vorgeheizten Backofen bei 150 °C Ober-/Unterhitze 5 Minuten ruhen lassen.

Restliches Öl in die Pfanne geben, Tomatenwürfel darin leicht andünsten, mit Salz würzen. Nach 3 Minuten die Basilikumblätter hinzugeben und mit den Mozzarellascheiben belegen. Leicht anschwenken.

Kalbsrückensteaks aus dem Ofen nehmen, auf Teller verteilen und mit dem Tomaten-Mozzarella servieren.

*Hauptgänge, Fleisch*

# Hähnchenbrust mit Traubensauce
## (für 4 Personen)

**Von Silke Sesterhenn,**
**Römer Apotheke, Kaisersesch**

4 Hähnchenbrustfilets
Salz, Pfeffer
4 dünne Scheiben Speck
4 Rosmarinzweige
1 EL Butterschmalz
1 Zwiebel
125 ml Hühnerbrühe
250 ml Rotwein
(ersatzweise roter Traubensaft)
Je 100 g grüne und blaue Trauben
5 EL Crème fraîche

Filets unter kaltem Wasser abspülen, gut trocken tupfen, mit Salz und Pfeffer würzen.

Jedes Filet mit einer Scheibe Speck umwickeln, die Speckenden mit einem Rosmarinzweig feststecken.

Butterschmalz in einer Pfanne erhitzen und die Filets darin von beiden Seiten anbraten. Aus der Pfanne nehmen und warm stellen.

Zwiebel schälen, fein würfeln und im Bratfett glasig dünsten. Mit Hühnerbrühe und Wein ablöschen. Trauben waschen, trocknen, halbieren und zusammen mit den Filets in den kochenden Fond geben. Zugedeckt bei milder Hitze 10 Minuten schmoren lassen.

Sauce mit Crème fraîche binden und mit Salz und Pfeffer abschmecken. Servieren.

Dazu passen Kartoffelpüree und Salat!

*Hauptgänge, Fleisch*

# Platthuhn
## (für 4 Personen)

**Von Thomas Möller,**
**Ambergau-Apotheke, Bockenem**

500 g kleine festkochende Kartoffeln
(z. B. Drillinge)
1 küchenfertiges Hühnchen (ca. 1,5 kg)
Salz, Pfeffer
8–10 Zweige Rosmarin
200 g Kirschtomaten
250 g Champignons
8 Schalotten
2 Zucchini
2 EL Olivenöl
1 Dose weiße Riesenbohnen (400 g)

Kartoffeln waschen und in reichlich kochendem Salzwasser 15 Minuten vorgaren. Abgießen, abschrecken und beiseitestellen.

Das Hühnchen mit einer Geflügelschere entlang des Rückgrats aufschneiden, gründlich waschen, trocken tupfen, Brustbein etwas einschneiden und das Hühnchen mit der Hand (ursprünglich mit einem Ziegelstein) platt drücken. Rundherum kräftig mit Salz und Pfeffer würzen.

Rosmarin waschen, trocken tupfen, zwei Zweige beiseitelegen, von den restlichen die Nadeln abzupfen. Die Hühnerhaut an Brust und Keulen vorsichtig vom Fleisch ablösen und die Hälfte der Rosmarinnadeln darunterschieben.

Hühnchen mit der Brustseite nach oben auf eine leicht geölte Fettpfanne (tiefes Backblech) legen und im vorgeheizten Ofen bei 200 °C Ober-/Unterhitze (Umluft 175 °C) ca. 1 Stunde braten.

Kirschtomaten waschen, Champignons putzen, Schalotten schälen und alles je nach Größe halbieren oder vierteln. Zucchini waschen, putzen und grob würfeln. Restliche Rosmarinnadeln hacken, zusammen mit dem Olivenöl und den vorgegarten Kartoffeln unter das Gemüse mischen und nach 30 Minuten Garzeit um das Hühnchen herum auf dem Blech verteilen. Restliche Rosmarinzweige darauflegen, mit Salz und Pfeffer bestreuen, im Ofen zu Ende garen.

Bohnen in ein Sieb geben, kalt abspülen und 15 Minuten vor Ende der Garzeit zum Gemüse geben.

Dazu passt frisches Ciabatta!

*Hauptgänge, Fleisch*

# Hähnchencurry mit asiatischen Nudeln
## (für 4 Personen)

**Von Janina Schmeichel,**
**Bahnhof Apotheke Friedrichshain, Berlin**

600 g Hähnchenbrustfilets
2 Zwiebeln
2 Bananen
Saft einer ½ Zitrone
1 Mango
2 rote Paprika
250 g asiatische Eiernudeln
2 EL Öl
250 ml Kokosmilch
250 ml Geflügelfond
Currypulver
Chiliflocken

Hähnchenbrustfilets waschen und trocken tupfen. Zwiebeln schälen und in feine Ringe schneiden. Bananen schälen, in Scheiben schneiden und mit dem Zitronensaft beträufeln. Mango schälen, Fruchtfleisch vom Stein schneiden und in Streifen schneiden. Paprika waschen, entkernen und würfeln.

Nudeln nach Packungsanleitung garen. Öl in einer Wokpfanne oder einem weiten Topf erhitzen. Hähnchenbrust darin von beiden Seiten etwa 7 Minuten braten und herausnehmen. Paprika und Zwiebeln im Bratfett andünsten. Kokosmilch und Geflügelfond angießen, aufkochen und etwa 5 Minuten köcheln lassen. Hähnchenbrust, Mango und Bananen zufügen und darin erhitzen. Nudeln dazugeben und alles mit Currypulver und Chiliflocken würzen.

*Hauptgänge, Fleisch*

## Süßsaure Rippchen
*(für 4 Personen)*

**Von Stephanie Eder,**
**Römer Apotheke, Kaisersesch**

1,5 kg Schälrippen
4 EL neutrales Öl
250 ml weißer Essig
4 EL Sojasauce
500 g Basmatireis
1–2 EL Speisestärke

Die Schälrippen auseinanderschneiden und in einer weiten Pfanne portionsweise anbraten. In einem großen Topf 500 ml Wasser mit Essig und Sojasauce mischen, Rippchen hineingeben und 1,5–2 Stunden köcheln lassen, bis sich das Fleisch leicht vom Knochen löst.

In der Zwischenzeit den Reis nach Packungsanleitung in leicht gesalzenem Wasser garen.

Rippchen mit einer Schaumkelle herausheben, Rippchensud auf ca. die Hälfte einkochen. Speisestärke in etwas kaltem Wasser auflösen und den Rippchensud damit abbinden. Rippchen wieder zugeben und zusammen mit dem Reis servieren.

Tipp: Dazu passt angebratener Spitzkohl, der mit dünnen Ingwerscheiben, Knoblauch und Chili pikant gewürzt wird.

■ *Christian Rachs Tipp:*
*Der Kochsud der Rippchen lässt sich noch aufpeppen, indem man ihm Scheiben von frischem Ingwer, kleingeschnittenes Zitronengras, Kaffir-Limettenblätter und eine Chilischote zufügt.*

*Hauptgänge, Fleisch*

# Entenbrust mit Wacholderbeeren
## (für 4 Personen)

**Von Ursula Fuhry,**
**Einhorn Apotheke, Frankenthal**

4 kleine Entenbrüste
1 TL Paprikapulver
Salz
Pfeffer
20 Wacholderbeeren
¼ l kräftiger Rotwein
6 Lorbeerblätter
¼ l Sahne

Entenbrüste waschen, trocken tupfen und die Haut mit einem sehr scharfen Messer einschneiden, dabei darauf achten, dass das unter der Haut sitzende Fleisch unversehrt bleibt. Entenbrüste mit Salz, Pfeffer und Paprikapulver einreiben.

Wacholderbeeren in einem Mörser grob zerstoßen, mit Rotwein, 5 EL Wasser und Lorbeerblättern in eine Auflaufform geben und die Entenbrüste darin 1 Stunde abgedeckt ziehen lassen.

Den Backofen auf 160 °C vorheizen. Entenbrüste mit der Marinade in den Ofen geben. Nach etwa 25 Min. aus der Marinade heben und in Alufolie warm halten. Marinade durch ein Sieb in einen Topf gießen, Sahne zufügen, aufkochen und leicht einkochen lassen.

Entenbrüste in Scheiben schneiden und auf 4 Tellern anrichten und Sauce angießen.

Dazu passen Kartoffelpüree, Rotkohl und Preiselbeeren.

*Hauptgänge, Fleisch*

# Lammgulasch
## (für 4 Personen)

**Von Katharina Ströder,
Eifel-Apotheke, Dahlem**

400 g Lammfleisch aus der Schulter
300 g Zwiebeln
2 Knoblauchzehen
1 rote Chili
2 EL Olivenöl
Currypulver
Paprikapulver
Cayennepfeffer
1 EL Tomatenmark
1 EL Vollkornmehl
600 ml Gemüsebrühe
300 g Grüne Bohnen
200 g Fleischtomaten
400 g Zucchini
Je 1 Zweig Rosmarin,
Bohnenkraut und Thymian

Fleisch waschen, trocken tupfen und in kleine Würfel schneiden. Zwiebel und Knoblauch schälen, fein würfeln; Chili putzen, entkernen und in feine Streifen schneiden.

Öl in einem Topf erhitzen, das Fleisch portionsweise darin scharf anbraten, zum Schluss das Fleisch kräftig mit Salz, Curry, Paprika und Cayennepfeffer würzen. Zwiebeln, Knoblauch und Chili zufügen und etwa 5 Min. mit anbraten. Tomatenmark und Mehl zugeben, anrösten und mit Gemüsebrühe ablöschen. Fleisch zugedeckt leise köchelnd 45 Minuten schmoren.

Bohnen, Tomaten und Zucchini waschen, putzen und klein schneiden. 15 Minuten vor Ende der Garzeit die Bohnen zum Fleisch geben und mitgaren. 5 Minuten vor Ende der Garzeit Tomaten, Zucchini, Rosmarin und Bohnenkraut zufügen.

Dazu Pellkartoffeln servieren. Die Kartoffeln schmecken besonders lecker, wenn sie mit Thymianblättchen bestreut werden.

*Hauptgänge, Fleisch*

# Apfel-Gurken-Salat mit Lammfilet
## (für 4 Personen)

**Von Marlies Clasen,**
**Fontane Apotheke, Hamburg**

1 Bio-Salatgurke
2 rotschalige Bio-Äpfel
300 g Naturjoghurt
2 TL Zitronensaft
1 Knoblauchzehe
1/2 Bund Dill
Salz, Pfeffer
Cayennepfeffer
1 Prise Zucker
800 g mehlige Kartoffeln
8 EL Olivenöl
5 TL getrockneter Rosmarin
1 TL Kräutersalz
4 Lammfilets (à ca. 80 g)
1 Prise getrocknetes Bohnenkraut

Gurke waschen, trocknen, längs halbieren, mit einem Löffel die Kerne herausschaben und die Gurkenhälften in 0,5 cm dicke Scheiben schneiden. Äpfel waschen, trocknen, vierteln, entkernen und in dünne Spalten schneiden.

Joghurt mit Zitronensaft in einer großen Schüssel verrühren. Knoblauch schälen und sehr fein hacken. Dill waschen, trocken tupfen, einige Zweige zum Garnieren beiseitelegen, Rest fein hacken und zusammen mit dem Knoblauch unter den Joghurt rühren. Mit Salz, Pfeffer, Cayenne und Zucker abschmecken, Gurken- und Apfelscheiben unterrühren.

Kartoffeln waschen, schälen und grob würfeln. Mit 6 EL Olivenöl, Rosmarin und Kräutersalz vermengen, 10 Minuten ziehen lassen. Dann auf ein Backblech mit Backpapier geben und im vorgeheizten Ofen bei 200 °C Ober-/Unterhitze (180 °C Umluft) 25 Minuten garen. Gelegentlich wenden.

Lammfilets waschen, gut trocken tupfen, mit Salz, Pfeffer und Bohnenkraut würzen, in einer Pfanne mit restlichem Olivenöl bei milder Hitze rosa braten (3–5 Minuten).

Salat und Kartoffeln auf Tellern anrichten, Filets in Scheiben schneiden und daraufgeben. Mit Dillzweigen garniert servieren.

Tipp: ohne die Kartoffeln auch gut als Vorspeise geeignet!

*Hauptgänge, Fleisch*

# Kalbsbraten
## (für 4 Personen)

**Von Petra Schlegel,**
**Stadt-Apotheke, Münchberg**

2 Zwiebeln
1 Karotte
100 g Knollensellerie
2 Tomaten
4 EL Öl
1,5 kg Kalbfleisch
1 TL Puderzucker
1 EL Tomatenmark
150 ml kräftiger Rotwein
500 ml Geflügel- oder Gemüsebrühe
10 g getrocknete Pilze
1 Lorbeerblatt
1 Streifen Zitronenschale
3 Wacholderbeeren
1 Knoblauchzehe
100 ml Sahne
Salz
Cayennepfeffer

Zwiebeln, Karotte und Sellerie schälen, in große Würfel schneiden. Tomaten waschen und achteln. Fleisch abspülen und gut trocken tupfen.

2 EL Öl in einem Bräter erhitzen, Fleisch darin rundherum scharf anbraten, herausnehmen und beiseitestellen. Restliches Öl in den Bräter geben, Gemüse (bis auf die Tomaten) darin ebenfalls anbraten und herausnehmen.

Bräter mit Küchenpapier etwas trocken tupfen, Puderzucker auf den Boden stäuben und hell karamellisieren. Tomatenmark zugeben, kurz anrösten, mit der Hälfte des Rotweins ablöschen. Sirupartig einkochen lassen, dann restlichen Wein angießen und erneut reduzieren. Brühe, angebratenes Gemüse und Tomatenstücke zugeben, das Fleisch drauflegen und zugedeckt bei mittlerer Hitze 3 Stunden schmoren lassen. Dabei gelegentlich wenden.

30 Minuten vor Ende der Garzeit Pilze, Lorbeerblatt, Zitronenschale sowie angedrückte Wacholderbeeren und Knoblauchzehe zur Sauce geben. Das Fleisch aus der Sauce heben, in Scheiben schneiden und warm stellen. Die Sauce durch ein Sieb abseihen und mit Sahne, Salz und Cayennepfeffer verfeinern. Fleisch wieder in die Sauce legen und servieren.

Dazu passen Knödel, Spätzle und Wirsinggemüse.

*Hauptgänge, Fleisch*

# Tafelspitz mit Frankfurter Grüner Sauce
## (für 4 Personen)

**Von Alfons Troschke,
Family Apotheke, Hanau**

Die original Frankfurter Grüne Soße besteht aus sieben Kräutern. Jede Kräuterart sollte maximal 30 % der Gesamtmenge betragen. Davon müssen mindestens 70 % der Kräuter aus der Frankfurter Region kommen.

Sauce:
250 g gemischte Kräuter für Frankfurter Grüne Sauce (Petersilie, Schnittlauch, Sauerampfer, Borretsch, Kerbel, Pimpinelle, Kresse)
150 g Naturjoghurt (3,5 % Fett)
150 g saure Sahne
150 g Crème fraîche
1 TL Senf
1 TL Zucker
Salz, Pfeffer, Zitronensaft

Fleisch:
1 kg Tafelspitz am Stück
ca. 2,5 l Wasser
2 Schalotten
1 Bund Suppengrün (ohne Sellerie)
1 Lorbeerblatt
2–3 Wacholderbeeren
Ca. 10 schwarze Pfefferkörner
2 EL Pflanzenöl
Pfeffer, Salz

Für die Sauce die Kräuter waschen, trocken tupfen, die groben Stiele entfernen und die Kräuter mit einem Wiegemesser oder in der Küchenmaschine sehr fein zerkleinern.

Joghurt, saure Sahne, Crème fraîche, Zucker und Senf zu den Kräutern geben und mit Salz, Pfeffer und Zitronensaft abschmecken. Vor dem Servieren eine gute Stunde kaltstellen.

Das Fleisch in einem Topf mit Pflanzenöl bei mittlerer Temperatur von allen Seiten leicht anbraten. Herausnehmen und zur Seite stellen. Den Bratensatz zunächst mit etwas Wasser ablöschen und loskochen, dann restliches Wasser zugeben, salzen und erhitzen. In das heiße (nicht kochende) Wasser das Fleisch geben, sodass es nicht ganz bedeckt ist.

Lauch und Karotten vom Suppengrün waschen, längs halbieren, in ca. 8 cm lange Stücke teilen und dazugeben. Ebenso die Stiele der Petersilie (die Blätter für die Grüne Soße verwenden) und die Gewürze. Zugedeckt eine gute Stunde simmern lassen (nicht sieden)!

Das gar gezogene Fleisch aus der Brühe nehmen und ein paar Minuten ruhen lassen. (Zurück bleibt eine gehaltvolle Fleischbouillon, die vielseitig verwendbar ist.)

Den Tafelspitz quer zur Faser in dünne Scheiben aufschneiden und mit der gekühlten Grünen Soße servieren. Dazu passen Salzkartoffeln.

*Hauptgänge, Fleisch*

# Schweinefilet im Kartoffelrösti-Mantel
## (für 4 Personen)

**Von Simone Berg,**
**Georgen-Apotheke, Darmstadt**

600 g Schweinefilet
Salz, Pfeffer
2 EL neutrales Pflanzenöl
1 TL Senf
80 g Semmelbrösel
1 Bund Petersilie
80 g Speck
1 Zwiebel
400 g Kartoffeln
Pilzsauce:
300 g gemischte Pilze
2 Schalotten
1 Knoblauchzehe
4 EL Öl
200 ml Sahne
100 ml Geflügelfond
Muskatnuss

Schweinefilet kalt abspülen, gründlich trocken tupfen, salzen, pfeffern und im heißen Öl rundherum kurz und kräftig anbraten. Im vorgeheizten Backofen bei 140 °C Ober-/Unterhitze (Umluft nicht empfehlenswert) 15 Minuten garen.

Petersilie waschen, trocken tupfen, Blättchen von den Stielen zupfen, fein hacken und mit den Semmelbröseln mischen. Das gegarte Filet mit Senf einstreichen und in den Semmelbröseln wälzen.

Speck fein würfeln. Zwiebel schälen, ebenfalls fein würfeln und zusammen mit dem Speck in einer Pfanne anbraten. Kartoffeln schälen und auf der groben Seite einer Kastenreibe raspeln. Sofort zu der Speck-Zwiebel-Mischung in die Pfanne geben, alles vermengen und mit einem Pfannenwender gut flach drücken.

Bei mittlerer Hitze goldgelb braten, salzen, pfeffern und den Rösti auf ein Küchentuch gleiten lassen. Filet darauflegen und mit Hilfe des Tuches fest einrollen. Tuch entfernen, Röstimasse gut an das Fleisch andrücken und das eingewickelte Filet im Ofen weitere 10 Minuten garen.

Pilze putzen, in Scheiben schneiden. Schalotten und Knoblauch schälen, fein würfeln, alles zusammen im heißen Öl anbraten. Mit Sahne und Geflügelfond ablöschen, bei mittlerer Hitze etwas einkochen lassen, mit Salz, Pfeffer und frisch gemahlenem Muskat würzen.

Das Fleisch aus dem Ofen nehmen, in Scheiben schneiden und mit der Pilzsauce servieren.

*Hauptgänge, Fleisch*

# Wildschweinrücken mit Meerrettichkruste
## (für 4 Personen)

**Renate Krebs,**
**Linden-Apotheke, Schöllkrippen**

800 g Wildschweinrücken,
küchenfertig
100 g fetter Speck, gewürfelt
50 g frisch geriebener Meerrettich
Salz, Pfeffer
3 EL neutrales Öl
Zucker
1 EL Zitronensaft
100 g Crème fraîche
500 ml Wildfond

Wildschweinrücken waschen, trocken tupfen. Speck und 10 g Meerrettich mit etwas Pfeffer und Salz pürieren, den Wildschweinrücken damit bestreichen und abgedeckt 12 Std. (über Nacht) kalt stellen.

Am nächsten Tag einen Bräter mit Öl einstreichen, den Wildschweinrücken hineingeben, im vorgeheizten Ofen bei 220 °C Ober-/Unterhitze (Umluft 200 °C) je nach Größe des Rückens ca. 20 Minuten braten. Dann herausnehmen, in Alufolie wickeln und ruhen lassen.

40 g frisch geriebenen Meerrettich mit etwas Salz, Pfeffer, Zucker, Zitronensaft und Crème fraîche verrühren. Bräter auf dem Herd erhitzen, Bratenfond mit Wildfond ablöschen und loskochen, dann die Meerrettichsauce einrühren und abschmecken. Zusammen mit dem Wildschweinrücken servieren.

Tipp: Dazu passen Rosenkohl, Rotkohl oder ein Kartoffel-Sellerie-Püree.

*Hauptgänge, Fleisch*

# Italienische Lasagne
## (für 4 Personen)

**Von Gabriele Dicke,**
**Schuchard-Apotheke, Wuppertal**

Fleischsauce:
4 EL Olivenöl
400 g Rinderhack
2 Knoblauchzehen
1 Karotte
100 g Staudensellerie
1 Stange Lauch
2–3 EL Tomatenmark
150 ml trockener Rotwein
800 g geschälte Tomaten (Dose)
Je 1 TL getrockneter Oregano und
Basilikum
Salz, Pfeffer
1 Prise Cayennepfeffer
1 TL Paprikapulver

Bechamelsauce:
50 g Butter
50 g Mehl
250 ml Milch
250 ml Gemüsebrühe
1 Schuss Sahne
125 g geriebener Parmesan

250 g Lasagneplatten
250 g Mozzarella
1 EL weiche Butter (für die Form)

Öl in einem großen Topf erhitzen, Hackfleisch darin scharf anbraten. Knoblauch schälen, fein würfeln und kurz mitbraten.

Gemüse waschen, putzen, klein würfeln und zum Fleisch geben. Tomatenmark zugeben, kurz anrösten, dann mit Wein und zerdrückten Dosentomaten ablöschen. Gewürze zufügen und die Sauce zugedeckt bei mittlerer Hitze ca. 30 Minuten köcheln lassen.

Für die Bechamelsauce Butter in einem Topf zerlassen, Mehl einrühren und anrösten. Milch und Brühe mischen, die Mehlbutter damit nach und nach ablöschen, dabei ständig mit einem Schneebesen rühren, damit keine Klumpen entstehen und die Sauce nicht anbrennt. Mit Salz, Pfeffer und Sahne abschmecken. 5–6 Minuten bei milder Hitze köcheln lassen. Parmesan untermischen.

Lasagneplatten nach Packungsanleitung vorbereiten.

Eine große Auflaufform mit Butter einfetten. Abwechselnd Teigplatten, Fleischsauce und Bechamel in die Form einschichten, dabei mit einer Schicht Bechamel abschließen. Mozzarella abtropfen lassen, in Scheiben schneiden und auf der Lasagne verteilen. Im vorgeheizten Ofen bei 180 °C Ober-/Unterhitze (Umluft 160 °C) auf mittlerer Schiene 20–30 Minuten überbacken.

*Hauptgänge, Fleisch*

# Wildentenbrust mit Linsen
## (für 4 Personen)

**Von Kathrin Westkamp,**
**Stern-Apotheke, Ibbenbüren**

250 g rote Berglinsen
625 ml Gemüsebrühe
2 Schalotten
100 g Staudensellerie
1 EL Butter
Salz, Pfeffer
Cayennepfeffer
Muskatnuss
Zucker
1 Bund Schnittlauch
4 Wildentenbrüste
1 EL gehackte Kräuter (nach Belieben)
2 EL Butterschmalz
1 Zwiebel
50 ml Rotwein
250 ml Wildfond
1 EL Himbeergelee
Etwas Himbeerlikör

Linsen in ein Sieb geben, gründlich abspülen und in 500 ml Gemüsebrühe bissfest garen. Abgießen und abtropfen lassen.

Schalotten schälen, Sellerie entfädeln und waschen, beides fein würfeln und in einem Topf mit der Butter andünsten. Linsen zugeben und kräftig mit Salz, Pfeffer, Cayennepfeffer, frisch geriebenem Muskat und Zucker würzen. 6–8 Minuten garen, dann den Schnittlauch waschen, trocken tupfen, in feine Röllchen schneiden und zugeben. Gemüse beiseitestellen.

Wildentenbrüste abspülen, gründlich trocken tupfen, mit Salz und Pfeffer würzen, mit Kräutern einreiben. Butterschmalz in einer Pfanne erhitzen und die Entenbrüste darin kräftig anbraten. Herausnehmen und beiseitestellen. Zwiebel schälen, fein würfeln und im Bratfett glasig dünsten, mit Rotwein und Wildfond ablöschen. Sauce aufkochen lassen, mit Salz, Pfeffer und Cayennepfeffer abschmecken, mit Himbeergelee und -likör verfeinern.

Sauce auf Teller geben, Linsengemüse und Wildentenbrüste darauf anrichten.

## Warum wir so auf Süßes stehen

Wir können nichts dafür. Die Vorliebe für Süßes ist den meisten von uns angeboren. Das hat damit zu tun, dass die Milch der Säugetiere, wozu auch der Mensch gehört, süß ist. So lernt das Neugeborene schon mit den ersten Schlucken an der Brust, dass Süßes nahrhaft und sicher ist. Auch in der menschlichen Evolution waren es die süßen Früchte, die stets bekömmlich und nährstoffreich waren. Bitteres oder Saures musste dagegen mit Vorsicht genossen werden, denn es konnte ja giftig oder verdorben sein. Mit der Vorliebe für die Geschmacksrichtung süß hilft die Natur, unschädliche und nahrhafte Speisen zu erkennen und vorzuziehen. Das war hilfreich, zumindest solange es noch keine Supermärkte mit meterlangen Süßwarenregalen gab.

Weil die Lust auf Süßes vorprogrammiert ist, können wir Zuckriges so erfolgreich für unsere gesellschaftlichen Rituale nutzen: Es versüßt den ersten Schultag, schmückt Osternester und Weihnachtsteller und beglückt die Älteren in Form von Likör und Konfekt. Mit Süßem wird Artigsein belohnt, werden Tränen getrocknet und Schreihälse beruhigt. Heute haben wir damit manchmal Probleme, weil Süßes so billig und in Massen zu haben ist.

Dass wir Süßigkeiten nicht einfach so entsagen können, liegt auch daran, dass Zucker unsere Psyche beeinflusst. Er beruhigt und hebt die Stimmung, indem er dafür sorgt, dass in unserem Gehirn eine bestimmte Substanz vermehrt ausgeschüttet wird, das Serotonin. Serotonin ist eine Art Botenstoff, der uns Wohlbefinden vermittelt. Wenn wir Zuckriges naschen, schüttet der Körper außerdem Insulin aus. Dieses Insulin sorgt dafür, dass im Gehirn vermehrt Serotonin freigesetzt wird. Ganz normale Lebensmittelbestandteile, in diesem Fall der Zucker, können also regelrecht „Laune machen". Eben deshalb essen so viele Menschen so gerne Süßes, vor allem, wenn sie schlecht drauf sind. Und weil Süßstoffe diese Fähigkeit nicht haben, befriedigen sie den Süßhunger nie so gut wie Zucker und Honig.

Übrigens erhöhen auch Licht und körperliche Betätigung die Serotonin-Konzentration im Gehirn. Wenn man diese Zusammenhänge verstanden hat, kann man seinen Zuckerkonsum auch ohne Verbote auf ein individuell vernünftiges Maß einpendeln. Wer Süßhunger dämpfen möchte, sollte es also unbedingt auch einmal mit mehr Bewegung im Tageslicht versuchen. Und wenn danach immer noch ein Bedürfnis nach Süßem besteht? Dann sollte man sich etwas besonders Leckeres aussuchen und seine Portion mit gutem Gewissen genießen.

*S. 206*

*S. 212*

*S. 182*

*S. 190*

## Desserts

182 Apfel in Calvadosnebel
184 Erdbeeren mit Vanillecreme
186 Gebackene Bananen
188 Apfeltiramisu
190 Arme Ritter vom Hefezopf

192 Bananenkuchen
194 Espressotorte mit Orangenparfait
196 Kokosgrieß mit Himbeersoße
198 Rhabarber-Tiramisu
200 Exotisches Flammerie

202 Quarkklößchen mit Holunderkompott
204 Rahmkuchen
206 Haselnusskuchen
208 Vanille-Quarkschaum mit Erdbeersauce
210 Zwetschgen-Mohn-Schichtspeise

212 Schokoladentarte mit Vanilleparfait und Erdbeersauce
214 Mascarpone-Cantuccini-Dessert
216 Schokoladenpudding
218 Orangen-Kuchen

*Desserts*

# Apfel im Calvadosnebel
## (für 4 Personen)

**Von Christof Günter,**
**Löwen-Apotheke, Fulda**

4 säuerliche Äpfel
Saft von ½ Zitrone
300 ml Weißwein
2 EL Zucker
2 EL Mandelblättchen
4 Torteletts
250 g Sahne
1 Päckchen Vanillezucker
4 EL Erdbeerkonfitüre
4 EL Calvados
4–8 Minzblättchen zum Garnieren

Äpfel schälen und mit einem Kugelausstecher von unten aushöhlen, von oben sollen die Äpfel unversehrt sein.

Zitronensaft, Weißwein, 300 ml Wasser und Zucker in einem kleinen Topf aufkochen, Äpfel mit dem Stiel nach unten hineinsetzen und 5 Min. bei kleiner Hitze abgedeckt köcheln lassen. Topf vom Herd nehmen und die Äpfel weitere 10 Min. ziehen lassen.

Mandeln in einer Pfanne bei mittlerer Hitze goldbraun rösten, bis sie anfangen zu duften, auf einem Teller abkühlen lassen.

Sahne und Vanillezucker mit den Quirlen des Handrührgerätes steif schlagen und auf die Torteletts streichen.

Äpfel aus dem Sud heben, von unten mit Erdbeerkonfitüre füllen und mit Calvados beträufeln. Äpfel auf die Torteletts setzen, mit den gerösteten Mandeln bestreuen und mit Minzblättchen garnieren.

*Christian Rachs Tipp:*
*Geschmacklich hervorragend passen Preiselbeeren zu diesem Dessert. Wer möchte, kann die Erdbeerkonfitüre durch Preiselbeerkompott ersetzen.*

*Desserts*

## Erdbeeren mit Vanillecreme
(für 4 Personen)

Von Anne Spaniol,
Marien-Apotheke, Grefrath

250 g Erdbeeren
3 Eigelb
100 g Zucker
1 Päckchen Vanillezucker
Muskatblüte, gemahlen
3 TL Cognac
250 g Sahne
Schokoladenraspeln zum Garnieren
Nach Belieben Melisseblättchen zum Garnieren

Erdbeeren waschen, putzen und in Spalten schneiden. Mit 20 g Zucker marinieren. Eigelbe mit restlichem Zucker, Vanillezucker, einer Messespitze Muskatblüte und Cognac mit den Quirlen eines Handrührgerätes weiß-schaumig aufschlagen. Sahne steif schlagen, mit einem Schneebesen unter die Eiermasse heben.

Erdbeeren auf 4 kleine Gläser verteilen. Creme darübergeben. Für 5 Minuten in den Kühlschrank geben. Mit Schokoladenraspeln und Melissenblättchen garnieren und servieren.

*Desserts*

## Gebackene Bananen
*(für 4 Personen)*

Von Sabine Kaplan,
Ostsee-Apotheke, Schönberg

15 g Margarine
60 g Zucker
1 Päckchen Vanillezucker
Salz
2 Eier
4 EL Sahne
65 g Mehl + Mehl zum Wenden
4 EL gemahlene Haselnüsse
Palmin zum Frittieren
2 Bananen
1 TL Zimt

Eier trennen. Eiweiße mit den Quirlen des Handrührgerätes steif schlagen. Margarine, 20 g Zucker, Vanillezucker, eine Prise Salz und Eigelbe schaumig aufschlagen. Sahne, Mehl und Haselnüsse unterrühren. Eiweiß unterheben.

Palmin in einem weiten Topf erhitzen. Bananen schälen und längs halbieren. In Mehl wenden und durch den Ausbackteig ziehen. Wenn an einem Holzkochlöffelstiel kleine Bläschen aufsteigen, ist das Frittierfett heiß genug. Die Bananen darin nacheinander etwa 6 Minuten goldgelb frittieren und auf Küchenpapier abtropfen lassen. Restlichen Zucker mit Zimt mischen und die Bananen damit bestreuen. Dazu passt Vanilleeis.

*Desserts*

# Apfeltiramisu
## (für 4 Personen)

**Von Sandra Hammel,**
**St. Marien Apotheke, Kaiserslautern**

250 g Mascarpone
100 g Frischkäse
4 EL Sahne
1 Päckchen Vanillezucker
1 EL Zucker
1 Apfel
200 g Apfelmus
100 g Löffelbiskuit
2 EL Apfelsaft oder Calvados
2 EL Kakao

Mascarpone, Frischkäse, Sahne, Vanillezucker und Zucker mit einem Schneebesen glatt verrühren. Den Apfel schälen und Raspeln. Mit dem Apfelmus mischen. Eine rechteckige Auflaufform oder vier Glasschalen mit dem Löffelbiskuit auslegen, mit Apfelsaft oder Calvados beträufeln. Die Hälfte der Mascarponecreme darauf verstreichen, dann das Apfelmus daraufgeben. Die restliche Mascarponecreme aufstreichen. 1 Stunde kalt stellen.

Vor dem Servieren das Tiramisu mit Kakao bestäuben und in Stücke geschnitten auf Tellern verteilen.

*Desserts*

## Arme Ritter vom Hefezopf
*(für 4 Personen)*

Von Christiane Kroth,
Hirsch-Apotheke, Zell an der Mosel

250 g Kirschen,
vorzugsweise Sauerkirschen
250 ml Riesling
2 EL Zitronensaft
80 g Zucker
1 Ei
250 ml Sahne
1 Päckchen Vanillezucker
4 Scheiben Hefezopf
2 EL Butter
Etwas Puderzucker zum Bestäuben

Kirschen waschen, halbieren und Kerne entfernen. Riesling mit 100 ml Wasser, Zitronensaft und 20 g Zucker in einem Topf zum Kochen bringen. Kirschen hinzugeben, 5 Min. köcheln lassen und wieder herausnehmen. Flüssigkeit sirupartig einkochen, Kirschen wieder zugeben und das Ganze abkühlen lassen.

Die Hefezopfscheiben nach Belieben rund ausstechen. Sahne, restlichen Zucker und Vanillezucker verquirlen.

Hefezopfscheiben in dieser Mischung wenden. Butter in einer großen beschichteten Pfanne erhitzen und die Hefezopfscheiben darin von beiden Seiten bei mittlerer Temperatur goldbraun braten.

Jeweils einen dieser armen Ritter auf einen Teller setzen, mit Kirschen und Rieslingsoße anrichten und mit Puderzucker bestäuben.

Desserts

# Bananenkuchen

Von Susanne Malt,
Apotheke Neukirchen, Neukirchen

3 Bananen
75 g Sauerrahm
240 g brauner Zucker
Salz
3 Eier
½ Vanilleschote
80 g Butter + zum Fetten der Form
275 g Mehl + zum Mehlen der Form
½ Päckchen Backpulver
Saft einer ½ Zitrone
100 g Puderzucker

Ofen auf 170 °C (Umluft 150 °C vorheizen. Bananen schälen, in Stücke schneiden und mit dem Sauerrahm in einem hohen Gefäß pürieren. Vanilleschote längs halbieren und das Mark herauskratzen. Zucker, eine Prise Salz, Eier, Vanillemark, weiche Butter und Bananenpüree mit den Quirlen des Handrührgerätes verrühren. Eine Gugelhupfform fetten und leicht mit Mehl ausstreuen. Teig gleichmäßig einfüllen und im Ofen 40–50 Minuten backen. Etwas abkühlen lassen, dann auf ein Küchengitter stürzen. Vollständig auskühlen lassen.

Zitronensaft und Puderzucker mit einem kleinen Schneebesen verrühren. Den Guss auf dem Gugelhupf verteilen und antrocknen lassen, nach Belieben mit gerösteten Mandelblättchen bestreuen.

Desserts

## Espressotorte mit Orangenparfait
(für 4–8 Personen)

Von Ruth Stellwagen,
Burg-Apotheke, Ginsheim-Gustavsburg

Für das Parfait:
200 ml Orangensaft
3 Eier
125 g Zucker
2 EL abgeriebene Orangenschale
2 EL Orangenlikör
200 ml Sahne

Für die Espressotorte
200 g Espresso-Orangen-Schokolade, ersatzweise Bitterschokolade
125 g Butter
125 g Zucker + 1 El Zucker zum Ausstreuen der Form
100 g gemahlene Mandeln
3 EL Kakao
1 EL Rum
75 ml Espresso, gebrüht
Butter zum Einfetten
Zucker zum Ausstreuen
Kakaokernbruch zum Dekorieren

Für das Parfait Orangensaft in einem weiten Topf auf 60 ml einkochen, abkühlen lassen. Eier trennen. Eigelbe und Zucker mit den Quirlen des Handrührgerätes weiß-schaumig aufschlagen. Orangensaft, -schale und -likör unterrühren. Sahne steif schlagen und mit einem Schneebesen unter die Masse heben. Eine kleine Kastenform mit Frischhaltefolie auslegen. Die Masse einfüllen und mindestens 4 Stunden einfrieren.

Für die Torte Schokolade grob hacken und mit der Butter in einem Topf vorsichtig schmelzen. Eine runde Tarteform buttern und mit etwas Zucker ausstreuen. Den Ofen auf 18 °C (Umluft 160 °C) vorheizen. 5 Eier und 125 g Zucker mit den Quirlen des Handrührgeräts schaumig schlagen. Schokoladen-Butter-Gemisch, Mandeln, 2 EL Kakao, Rum und den gekochten Espresso unterrühren. In die Tarteform füllen und im vorgeheizten Ofen etwa 30 Minuten backen. Auf einem Kuchengitter auskühlen lassen. Je ein Stück Torte mit Kakao bestäuben, mit 1 oder 2 Scheiben Orangenparfait servieren und mit Orangenzesten und etwas Kakaopulver dekorieren.

*Desserts*

## Kokosgrieß mit Himbeersauce
*(für 4 Personen)*

**Von Stephanie Meyer,
Stadt-Apotheke, Halberstadt**

500 ml Milch
120 g Hartweizengrieß
150 g Joghurt
3 EL Frischkäse
3 EL Kokosmilch
Puderzucker
500 g Himbeeren
1 TL Zitronensaft
4 EL Kokosraspeln

Milch in einem Topf aufkochen und den Grieß einrühren. Nach Packungsanweisung ausquellen und abkühlen lassen. Joghurt, Frischkäse und Kokosmilch unterrühren. Nach Belieben mit Puderzucker süßen. Himbeeren waschen und verlesen. Einige Himbeeren zum Dekorieren beiseitestellen. Mit Zitronensaft in einem hohen Gefäß mit dem Schneidstab pürieren, nach Belieben mit etwas Puderzucker süßen.

Kokosraspeln in einer Pfanne bei mittlerer Temperatur rösten, bis sie goldbraun sind. Kokosgrieß auf Teller oder in Gläser verteilen, Himbeersauce darauf- oder danebengeben und mit den Kokosraspeln bestreuen.

*Desserts*

## Rhabarber-Tiramisu

Von Johanna Nistler,
Apotheke in der Hainstraße, Bamberg

400 g Rhabarber
50 ml Apfelsaft
2 Eier
1 Blatt Gelatine
35 g Zucker
150 g Mascarpone
150 g Magerquark
150 g Löffelbiskuit
2 EL Kakao

Rhabarber waschen, putzen und in Stücke schneiden. Mit dem Apfelsaft in einen Topf geben und etwa 5 Minuten weich dünsten. Abkühlen lassen. Eier trennen. Gelatine in kaltem Wasser einweichen. Eiweiße mit den Quirlen des Handrührgerätes steif schlagen. Eigelbe mit dem Zucker weiß-schaumig aufschlagen. Mascarpone und Magerquark unterrühren. Gelatine tropfnass in einen Topf geben und bei kleiner Hitze handwarm auflösen. In die Creme rühren. Eiweiß mit einem Schneebesen unterheben.

Boden einer Auflaufform mit dem Löffelbiskuit auslegen. Die Hälfte des Rhabarbers mit dem Saft darüber verteilen, dann die Hälfte der Creme darübergeben. In derselben Reihenfolge mit dem Rest weitermachen. 2–3 Stunden kühlen. Vor dem Servieren mit Kakao bestäuben und auf Tellern anrichten.

Nach Belieben kann die Tiramisu auch in Gläser geschichtet werden.

Desserts

## Exotisches Flammerie

Von Corinna Lang,
Stadt-Apotheke, Kuppenheim

50 g Kokosraspel
3 Tropfen Orangenöl
½ l Milch
1 Päckchen Vanillepuddingpulver
1 EL brauner Zucker
70 g Dinkelgrieß
1–2 Mangos
Kokoschips zum Garnieren

Kokosflocken in einer Pfanne vorsichtig rösten, bis sie goldbraun sind. In eine kleine Schüssel geben und mit zwei Tropfen Orangenöl vermischen. Milch, bis auf zwei EL, aufkochen. Puddingpulver, Zucker und 1 Tropfen Orangenöl mit den 2 EL Milch anrühren. Mit Dinkelgrieß zur kochenden Milch geben, vom Herd ziehen und nachquellen lassen.

Mangos schälen, das Fruchtfleisch vom Stein schneiden, in Stücke schneiden und auf vier Tellern verteilen. Ausgekühlten Flammerie mit einem Esslöffel abstechen und daneben auf die Teller setzen. Kokoschips rösten und darüberstreuen.

Dazu passt eine fruchtige Orangensauce.

Desserts

## Quarkklößchen mit Holunderbeerkompott
*(für 4 Personen)*

**Von Marlies Clasen,
Fontane Apotheke, Hamburg**

250 g Zwetschgen
250 g Holunderbeeren
oder ersatzweise
200 ml Holunderbeersaft
2 Birnen
300 ml Rotwein
½ Zimtstange
Schale von ½ Bio-Zitrone
3–5 EL Honig
1 TL Speisestärke
1 Vanilleschote
50 g weiche Butter
2 EL Zucker
2 Eier
1 Prise Salz
250 g Quark
1 l Milch
4 Minzspitzen zum Garnieren

Zwetschgen und Holunderbeeren waschen und trocken tupfen. Zwetschgen entsteinen, Birnen schälen, halbieren und entkernen. Rotwein mit Zitronenschale und der Zimtstange in einem Topf aufkochen, Birnen zufügen und 10 Min. bei kleiner Hitze köcheln lassen, dann das restliche Obst zufügen und weitere 10 Min. leise köcheln lassen.

Währenddessen Vanilleschote mit einem Messer längs halbieren und das Mark herauskratzen. Butter, Zucker und Vanillemark mit den Schneebesen des Handrührgerätes schaumig aufschlagen, Eier nacheinander unterschlagen, Salz und Quark unterrühren. Masse mind. 20 Min. ruhen lassen.

Zimtstange und Zitronenschale aus dem Kompott entfernen. 4 EL Saft abnehmen, mit der Speisestärke verrühren und zurück zum Kompott geben, kurz aufwallen lassen.

Milch und 500 ml Wasser in einem breiten Topf aufkochen. Mit einem Teelöffel von der Quarkmasse Klößchen abstechen und in die nicht mehr kochende Milch gleiten lassen. Es ist wichtig, dass die Flüssigkeit nur heiß ist und nicht mehr kocht, da die Masse sich sonst im Wasser auflösen könnte. Quarkklößchen in der heißen Milch 12 Min. ziehen lassen. Minzspitzen waschen und trocken schleudern. Früchte und Sud auf 4 Schalen oder Suppenteller verteilen. Quarkklößchen aus der Milch heben, zwischen zwei Lagen Küchenpapier trocken tupfen und in das Kompott geben. Mit Minzspitzen garnieren.

 *Ulrike Gonders Tipp:*
*Aus der heißen Milch lässt sich noch Kakao zubereiten. Oder man lässt sie abkühlen und mixt sie mit reifem Obst oder Eis zu einem leckeren Shake.*

*Desserts*

# Rahmkuchen

Von Gaby Hahn-Riesch,
Doc Morris Apotheke Homburg-Zentrum, Homburg (Saar)

250 g Mehl
180 g Zucker
100 g Butter + zum Fetten der Form
5 Eier
Salz
500 g Magerquark
2 Päckchen Vanillezucker
1 Päckchen Vanillepuddingpulver
250 g Sahne
250 g saure Sahne
500 ml Milch
Ca. 250 g frische Himbeeren

Für den Teig Mehl, 90 g Zucker, Butter, 1 Ei und eine Prise Zucker mit den Knethaken des Handrührgerätes zu einem glatten Teig verkneten. Den Boden einer runden Springform (28 cm) mit Backpapier auslegen, den Rand fetten. Teig etwas ausrollen und in die Form legen. Mindestens 30 Minuten kühlen. Ofen auf 220 °C (Umluft 200 °C) vorheizen. Teig mit einer Gabel mehrmals einstechen, mit Backpapier belegen und mit Linsen beschweren. 10 Minuten im Ofen blindbacken.

Für die Rahmfüllung 2 Eier trennen. Magerquark, 150 g Zucker, Vanillezucker, Puddingpulver, Sahne, saure Sahne, Milch, 2 Eier und 2 Eigelbe mit den Quirlen des Handrührgerätes verrühren. Linsen und Backpapier vom Boden entfernen, Masse einfüllen und zurück in den Ofen geben. 15 Minuten backen. Temperatur auf 180 °C (Umluft 160 °C) reduzieren und weitere 45 Minuten backen.

In der Zwischenzeit die Eiweiße, eine Prise Salz und etwas Zucker mit den Quirlen des Handrührgerätes steif schlagen. Restlichen Zucker einrühren. Baiser auf dem Kuchen verteilen und so lange weiterbacken, bis der Eischnee goldgelb ist. In der Form erkalten lassen. Mit Himbeeren anrichten.

*Desserts*

## Haselnusskuchen
*(ergibt ca. 8–12 Stücke)*

Von Claudia Toelle,
Apotheke Neukirchen, Neukirchen

100 g Butter + zum Fetten der Form
125 g Zucker
4 Eier
125 g Ricotta
125 g gemahlene Haselnüsse
4 EL Mehl + zum Mehlen der Form
Abgeriebene Schale einer ½ Zitrone
3 EL Aprikosenmarmelade
1 EL Orangenlikör
100 g Schokoladenraspeln

Ofen auf 180 °C (Umluft 160 °C) vorheizen. Eier trennen. Eiweiße mit den Quirlen des Handrührgerätes steif schlagen. Weiche Butter, Zucker und Eigelbe schaumig aufschlagen. Ricotta unterrühren. Haselnüsse, Mehl und Zitronenschale mischen und ebenfalls unterrühren. Eischnee mit einem Schneebesen unterheben. Den Boden einer runden Springform mit Backpapier auslegen. Den Rand fetten und leicht bemehlen. Teig einfüllen und im Ofen 30 Minuten backen. Auf einem Küchengitter auskühlen lassen.

Marmelade mit dem Orangenlikör glatt rühren. Kuchen damit bestreichen und mit den Schokoladenraspeln bestreuen.

Dazu passt eine Sauce aus reduziertem Orangensaft und Aprikosenmarmelade.

*Desserts*

## Vanille-Quarkschaum mit Erdbeersauce
*(für 4 Personen)*

Von Patricia Eidenmüller,
Rathaus Apotheke, Karlsruhe

½ Vanilleschote
100 ml Milch
5 Blatt Gelatine
3 Eier
160 g Zucker
1 Päckchen Vanillezucker
250 g Magerquark
200 ml Sahne
600 g Erdbeeren
1 EL Zitronensaft

Für das Quarkdessert Vanilleschote längs halbieren und mit einem Messer das Mark herauskratzen. Milch in einem Topf mit der Vanilleschote und dem Mark aufkochen, abkühlen lassen. Gelatine in kaltem Wasser einweichen. Eier trennen. Eigelbe, 40 g Zucker und Vanillezucker mit den Quirlen des Handrührgerätes weißschaumig aufschlagen, Quark und Vanillemilch unterrühren. Gelatine ausdrücken und in 4 EL sehr warmem, aber nicht heißem Wasser auflösen, in die Quarkmasse einrühren.

Eiweiße mit den Quirlen des Handrührgerätes steif schlagen, dabei 40 g Zucker einrieseln lassen. Sahne ebenfalls steif schlagen. Erst die Sahne und dann das Eiweiß mit einem Schneebesen vorsichtig unter die Quarkmasse heben, auf Schälchen verteilen und über Nacht oder mindestens 6 Stunden kühl stellen.

Für die Sauce 600 g Erdbeeren waschen und putzen, Grün entfernen und die Erdbeeren klein schneiden. 300 g Erdbeeren mit restlichem Zucker und Zitronensaft fein pürieren. Restliche Erdbeeren unterheben. Quarkschaum mit der Erdbeersoße servieren.

■ *Ulrike Gonders Tipp:*
*Quark-Ei-Speisen sind nicht nur sehr nahrhaft, sie gelten auch als besonders magenfreundlich. Und der Sahnetupfer? Keine Sorge: Milchfett ist leicht verdaulich. Und es schmeckt einfach köstlich!*

Desserts

## Zwetschgen-Mohn-Schichtspeise
*(für 4 Personen)*

Von Monika Ecke,
Lindenthal-Apotheke, Köln

600 g Zwetschgen
30 g Zucker
1 Zimtstange
3 EL Zitronensaft
8 EL Orangensaft
200 g Mascarpone
200 g Magerquark
120 g Vollmilchjoghurt
100 g fertige Mohnmischung (Mohn Fix)
Schale von einer Bio-Zitrone
2 EL Puderzucker
100 g Butterkipferlkekse

Zwetschgen waschen, halbieren, entsteinen und in Spalten schneiden. Mit Zucker, Zimtstange, 2 El Zitronensaft und dem Orangensaft aufkochen. Bei kleiner Hitze abgedeckt 7 Minuten köcheln lassen. Zwetschgen aus dem Sud nehmen. Sud weitere 2–4 Minuten bei starker Hitze einkochen lassen, zu den Zwetschgen gießen und abkühlen lassen.

Mascarpone, Quark, Joghurt, Mohnmischung, Zitronenschale, restlicher Zitronensaft und Puderzucker mit einem Schneebesen verrühren. 1 Stunde kühlen. 4 Gläser à ca. 300 ml bereitstellen. Zuerst einen Teil der Zwetschgen einfüllen, dann Kekse und zum Schluss etwas der Quarkmischung dazuschichten. In dieser Reihenfolge fortfahren, bis die Gläser gefüllt sind.

*Desserts*

## Schokoladentarte mit Vanilleparfait und Erdbeersauce
*(ergibt 6–8 Portionen)*

Von Gesine Schröder,
Apotheke im Kaufland, Leipzig

8 Eier
125 g Puderzucker + etwas zum Bestäuben
1 Vanilleschote
½ l Sahne
200 g Zartbitterschokolade
200 g Butter
140 g Zucker
1 Päckchen Vanillezucker
80 g Mehl
250 g Erdbeeren

Für das Parfait 4 Eier trennen. Eigelbe und Puderzucker mit den Quirlen des Handrührgerätes weiß-schaumig aufschlagen. Vanilleschote mit einem scharfen Messer längs durchschneiden und aus den Hälften das Mark herauskratzen, zur Eigelbmasse geben. Sahne steif schlagen und mit einem Schneebesen unter die Masse heben. In 6–8 kleine, runde Förmchen füllen und über Nacht einfrieren.

Für die Torte Schokolade grob hacken und mit der Butter in einem Topf vorsichtig schmelzen. Eine eckige Tarteform buttern und mit etwas Zucker ausstreuen. Den Ofen auf 200 °C (Umluft 180 °C) vorheizen. Restliche Eier und Zucker mit den Quirlen des Handrührgeräts schaumig schlagen, Vanillezucker und Mehl unterrühren. Schokoladen-Butter-Gemisch mit einem Schneebesen unterheben. In die Tarteform füllen und im vorgeheizten Ofen etwa 20 Minuten backen, das Innere sollte noch feucht sein. Auf einem Kuchengitter auskühlen lassen. Mit Puderzucker bestäuben.

Erdbeeren waschen, putzen und vierteln. Mit einem Pürierstab in einem hohen Gefäß pürieren. Je ein Parfaitschälchen mit einem Stück Schokoladentarte servieren und mit der Erdbeersauce garnieren.

Desserts

## Mascarpone-Cantuccini-Dessert

Von Susann Rudat-Hagen,
Rosen-Apotheke, Braunschweig

250 g Cantuccini
2 EL Zucker
100 ml Amaretto
Abgeriebene Schale von 1 Zitrone
500 g Mascarpone
1 Dose Pfirsiche
Pistazien, gehackt

Boden einer Auflaufform mit den Cantuccini auslegen. Eigelbe und Zucker mit den Quirlen eines Handrührgerätes weiß-schaumig aufschlagen. Amaretto und Zitronenschale unterrühren. Mascarpone mit einem Schneebesen glatt rühren und dann unter die Eiermasse heben. Mascarponecreme auf den Cantuccini verteilen und glatt streichen. Im Kühlschrank abgedeckt 1 bis 2 Tage durchziehen lassen.

Pfirsiche abgießen und in Spalten schneiden. Auf der Creme verteilen und mit den Pistazien bestreuen. In Stücke geschnitten auf Tellern anrichten.

Tipp: Wer nicht so lange Zeit hat, kann die Cantuccini vorher mit der Hälfte des Amarettos tränken, die Creme darauf verteilen und nur 2–3 Stunden kühlen.

*Desserts*

## Schokoladenpudding
(für 4 Personen)

Von Sven Linnartz,
Brücken-Apotheke, Marienheide

80 g Zartbitterschokolade
500 ml Milch
20 g Speisestärke
100 g Zucker
3 EL Kakao
Zimt-, Chili- oder Spekulatiuspulver

Zartbitterschokolade grob hacken. Mit Milch, bis auf 3 EL, in einen Topf geben. Schokolade unter Rühren schmelzen. Stärke, Zucker und Kakao mischen, restliche Milch unterrühren. Mischung zur Schokoladenmilch geben und unter Rühren aufkochen. Vom Herd ziehen und wahlweise mit Zimt, Chili oder Spekulatiusgewürz würzen. Pudding in Förmchen oder eine große Schale füllen. Vor dem Servieren mindestens eine Stunde kühlen.

*Desserts*

## Orangen-Kuchen
*(ergibt ca. 16 Kuchenstücke)*

Von Brigitte Möller und Meike Groen,
Münstertor-Apotheke, Vechta

4 Eier
250 g Zucker
1 Pck. Vanillezucker
125 ml neutrales Pflanzenöl
150 ml Orangenlimonade
250 g Weizenmehl
3 TL Backpulver
600 ml Schlagsahne
4 Pck. Sahnesteif
5 Pck. Vanillezucker
500 g saure Sahne
Zimt-Zucker zum Bestreuen
4 Orangen

Eier, Zucker und Vanillezucker mit dem Handrührgerät mit Rührbesen schaumig schlagen. Auf höchster Stufe Öl und Limonade einrühren. Mehl und Backpulver mischen, zusammen sieben und in zwei Portionen auf mittlerer Stufe unterrühren.

Ein Backblech mit Backpapier auslegen und einen eckigen Backrahmen (30 x 40 cm) daraufstellen. Teig einfüllen, glatt streichen und im vorgeheizten Ofen bei 180 °C Ober-/Unterhitze auf 2. Schiene von unten 25 Minuten backen.

Kuchen aus dem Ofen nehmen, auf ein Kuchengitter stellen und abkühlen lassen. Sahne mit 3 Pck. Sahnesteif und 3 Pck. Vanillezucker steif schlagen. Saure Sahne mit restlichem Vanillezucker glatt rühren und unter die Sahne heben. Den ausgekühlten Kuchenboden mit restlichem Sahnesteif bestreuen und die Sahne gleichmäßig darauf verteilen.

Orangen dick schälen, sodass die weiße Haut entfernt ist. Orangen mit einem scharfen Messer in hauchdünne Scheiben schneiden und damit den Kuchen belegen. Mit Zimt-Zucker bestreuen, in Stücke schneiden und servieren.

Tipp: abgeriebene Orangenschale in den Teig geben.
Man kann den Kuchen auch schon einen Tag im Voraus backen und erst am nächsten Tag die Sahnemasse zubereiten.

■ *Christian Rachs Tipp:*
*Wer mag, kann den Boden des Orangenkuchens mit einer Mischung aus frisch gepresstem Orangensaft und etwas Cointreau beträufeln, dadurch wird der Kuchen noch saftiger.*

# Jeder Cent hilft.
## Der RTL-Spendenmarathon

**Seit 1996 engagiert sich RTL für Not leidende Kinder in Deutschland und der ganzen Welt**

Mehr als 90 Millionen Euro hat „RTL – Wir helfen Kindern e.V." in den vergangenen 15 Jahren für Not leidende Kinder in Deutschland und der ganzen Welt gesammelt. Alle Spenden werden von der „Stiftung RTL – Wir helfen Kindern e.V." verwaltet und zweckgebunden verteilt. Zudem kontrolliert die Stiftung genauestens, dass die Gelder

nur für den vereinbarten Zweck in den ausgewählten Kinderhilfsprojekten eingesetzt werden.

Für jedes Projekt engagiert sich eine prominente Persönlichkeit als Pate. So auch Christian Rach. 2009 engagierte er sich für ein Projekt, das sich um mehr ausgewogene Ernährung an deutschen Schulen kümmert. Gemeinsam kochte Christian Rach mit Schülern eine ausgewogene Mahlzeit und zeigte den Kids, wie man sich einfach und gesund ernährt.

**Der RTL-Spendenmarathon – die längste Charity-Sendung im deutschen Fernsehen am 17. und 18. November 2011**

Mittlerweile ein Stück Fernsehgeschichte: Jedes Jahr im November startet Wolfram Kons den RTL-Spendenmarathon. Die längste Charity-Sendung im deutschen Fernsehen ist der jährliche Höhepunkt und die wichtigste Spendenaktion von „RTL – Wir helfen Kindern e.V.". Für einen Tag stellt RTL sein Programm um, damit über

24 Stunden für Not leidende Kinder gesammelt werden kann. Einmal pro Stunde wird live aus dem Spendenstudio gesendet: Von dort ruft Wolfram Kons auf zu spenden, begrüßt Prominente an den Spendentelefonen und befragt die hochkarätigen Projektpaten zu ihren Besuchen bei den Hilfsprojekten.

**Geprüfte Hilfe für Tausende Kinder in aller Welt!**

RTL trägt alle Verwaltungs-, Personal- und Produktionskosten von „RTL – Wir helfen Kindern e.V." und dem RTL-Spendenmarathon. So wird jede Spende ohne einen Cent Abzug an die ausgewählten Kinderhilfsprojekte weitergeleitet. In den vergangenen Jahren konnten so mehr als 90 Millionen Euro gesammelt werden. Mehr als hundert Kinderhilfsprojekte wurden dadurch gefördert.

Zehntausenden Kindern in Deutschland und aller Welt konnte so nachhaltig geholfen werden. Jedes Jahr wird die Stiftung durch das Deutsche Zentralinstitut für Soziale Fragen (DZI) geprüft und erhält Jahr für Jahr das begehrte DZI-Spendensiegel.

## Danke für die Mithilfe

Vielen Dank allen, die unsere Initiative „Besser: besser essen!" mit einer wunderbaren Rezeptidee unterstützt haben:

| | | |
|---|---|---|
| Agathe Baier | Patricia Eidenmüller | Bianka Hentzschel |
| Birte Barleben | Beate Engelmann | Petra Herder |
| Rita Becker | Hasime Erdal | Sabine Kaplan |
| Simone Berg | Petra Erdel | Claudia Keidel |
| Antje Bethmann | Sonja Fischer | Claudia Ketels-Strauß |
| Christina Betzler | Ursula Fuhry | Gabriele Koczorowski |
| Margit Bley | Elke Gass | Ute Körner |
| Maren Brigmann | Henrik Geest | Karlheinz Köster |
| Michael Burkard | Jutta Geest | Renate Krebs |
| Marlies Clasen | Kirsten-Yvonne Geske | Gabriele Kretschmar |
| Jens Credo | Ute Girbardt | Petra Krone |
| Gabriele Dicke | Meike Groen | Christiane Kroth |
| Dr. Margot Eilers | Christof Günter | Janina Kühn |
| Dr. Gunhild Kempf | Sandra Haas | Corinna Lang |
| Dr. Bernd Schlözer | Gaby Hahn-Riesch | Sven Linnartz |
| Monika Ecke | Sandra Hammel | Margarethe Ludwig |
| Stephanie Eder | Annette Helwig-Reimers | Eva Lüling |

Daniela Lutter
Susanne Malt
Perry Marriott
Mandy Meier
Christine Meuter
Sabine Meyer
Stephanie Meyer
Carmen Michalski
Ingrid Mohn
Brigitte Möller
Thomas Möller
Johanna Nistler
Johanna Paulus
Katja Puhl
Charlotte Range
Pia Rattmann
Jasmin Rietsch

Silvia Rödel
Tamara Rohrbach
Susann Rudat-Hagen
Aksoy Saloglu
Sandra Sauter
Dorothee Schanné
Nicole Schier
Michaela Schinske
Petra Schlegel
Sabine Schlözer
Janina Schmeichel
Veronika Schneider
Gesine Schröder
Claudia Schulze
Silke Schumacher
Silke Sesterhenn
Isabell Siegle

Ramona Spalteholz
Anne Spaniol
Ruth Stadthaus
Ulrike Stäudel
Ruth Stellwagen
Katharina Ströder
Claudia Toelle
Pia Treib-Recktenwald
Alfons Troschke
Simone Tuschen
Martina Tustonjić
Kristin Wagner
Kerstin Walther-Scheumann
Heike Wendel
Esther Wensing
Kathrin Westkamp
Michaela Zerle

*Außerdem von Christian Rach erschienen:*

**Rach koch**t räumt ein für allemal auf mit dem Vorurteil, dass gesundes Essen nicht lecker schmeckt! Der Sternekoch und TV-Coach Christian Rach beweist das mit vielen köstlichen, originellen und einfach nachzukochenden Rezepten in diesem Kochbuch.

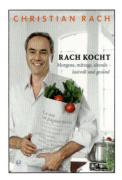

**Christian Rach – Rach kocht**
Morgens, mittags, abends –
lustvoll und gesund

224 Seiten,
Hardcover mit Schutzumschlag
ISBN 978-3-941378-88-9
Verlag Edel
EUR 24,95

**Das Kochgesetzbuch** ist der vielfältige und unverzichtbare Ratgeber sowohl für den anspruchsvollen Hobby-Koch als auch für den ambitionierten Anfänger am Herd. Immer getreu dem wichtigsten Kochgesetz – zu allererst soll Kochen Spaß machen!

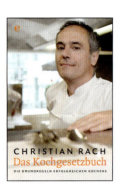

**Christian Rach –
Das Kochgesetzbuch**

320 Seiten,
Hardcover mit Schutzumschlag
ISBN 978-3-941378-03-2
Verlag Edel
EUR 29,95

## Impressum

**Besser: besser essen!**

2. Auflage 2012
© Edel Germany GmbH, Hamburg
www.edel.com

Mit freundlicher Unterstützung
der Bayer Vital GmbH.

Projektkoordination:
Rach & Ritter Medien GmbH
Rezeptauswahl und Autoren:
Christian Rach/Susanne Walter

Foodstyling: Susanne Walter
Assistenz: Julia Luck, Anna Walz

Fotografie: Monika Schürle

Ernährungstexte: Ulrike Gonder,
Ernährungswissenschaftlerin

Gestaltung: BrawandRieken
Werbeagentur GmbH
Satz: E I N S A T Z
Creative Production GmbH & Co. KG
Lithografie: MAINTEAM Bild · Text ·
Kommunikation GmbH
Druck: optimal media GmbH

All rights reserved.

Printed in Germany

ISBN 978-3-8419-0135-4